HOJE É O DIA

HOJE É O DIA

Sabedoria de Vencedores para Serem Bem-Sucedidos em todas as Situações

JIM STOVALL

TRADUZIDO POR DANIELE PEREIRA
3ª impressão

Rio de Janeiro
2023

Todos os direitos reservados. Copyright © 2009 para a língua portuguesa da Casa Publicadora das Assembleias de Deus. Aprovado pelo Conselho de Doutrina.

É proibida a duplicação ou reprodução deste volume, no todo ou em parte, sob quaisquer formas ou meios (eletrônico, mecânico, gravação, fotocópia, distribuição na web e outros), sem permissão expressa da Editora.

Título do original em inglês: *Today's the Day*
Cook Communications Ministries, Colorado Springs, CO, EUA
Primeira edição em inglês: 2007
Tradução: Daniele Pereira

Preparação dos originais: Verônica Araujo
Revisão: Gleyce Duque
Capa: Flamir Ambrosio
Adaptação de projeto gráfico e Editoração: Oséas F. Maciel

CDD: 242 - Literatura Devocional
ISBN: 978-85-263-1024-7

As citações bíblicas foram extraídas da versão Almeida Revista e Corrigida, edição de 1995, da Sociedade Bíblica do Brasil, salvo indicação em contrário.

Para maiores informações sobre livros, revistas, periódicos e os últimos lançamentos da CPAD, visite nosso site: https://www.cpad.com.br.

SAC — Serviço de Atendimento ao Cliente: 0800-021-7373

Casa Publicadora das Assembleias de Deus
Av. Brasil, 34.401, Bangu, Rio de Janeiro – RJ
CEP 21.852-002

3ª impressão: 2023
Impresso no Brasil
Tiragem: 200

Este livro é dedicado a duas pessoas que tornaram possível realizar meu desejo de ser colunista. Primeiro, Ralph Schaefer, editor do *Business Journal*, que me encorajou a escrever um único artigo e então me disse para fazer isso toda semana, e eu seria um colunista. E este livro também é dedicado a minha amiga Dorothy Thompson, pois sem ela meus leitores nunca teriam ouvido falar a meu respeito.

Introdução

Como uma pessoa cega, vivo em um mundo diferente daquele de quem pode ler as palavras desta página; porém, isso não significa que eu não "enxergue". Alguns anos atrás, identifiquei um ritual universal entre a maioria das pessoas que enxergam — o de ler um jornal diariamente. Muitas pessoas ocupadas encontram alguns momentos em seu dia agitado para ler uma ou mais seções de uma publicação local, regional ou nacional.

Todavia, a maioria dos jornais está cheia de manchetes horríveis, informações financeiras apavorantes e obituários obrigatórios. E se esse ritual diário incluísse uma pequena dose de bondade? Há vários anos, comecei a escrever uma coluna publicada regularmente intitulada "Sabedoria de Vencedores" para tentar trazer um pouco de ar fresco a esses poucos momentos que quase todos compartilham.

O mundo em que vivemos é formado por vários tipos de pessoas, mas, no final das contas, todos caem em uma das duas categorias quando se mede o sucesso: vencedores ou perdedores. Quero ser um vencedor. E creio que você também. Então compilei noventa das colunas "Sabedoria de Vencedores" que escrevi e organizei-as neste livro, *Hoje É o Dia*.

Cada tópico é curto; estou apenas tentando acrescentar um pouco de ar fresco ao dia. Mas curto não quer dizer superficial. Espero que você leia essas reflexões como um convite a percepção e ao desempenho: um convite para "enxergar" a sabedoria que eu enxerguei e para colocá-la em prática em sua vida. E tornar-se um vencedor!

Hoje é o dia!

Atividade *Versus* Produtividade

A maioria de nós trabalha bastante. Acordamos todos os dias e passamos oito horas ou mais fazendo algo que chamamos de trabalho. Se você conversar com as pessoas mais bem-sucedidas e com as de menor sucesso que puder encontrar, elas provavelmente lhe dirão que estão trabalhando com muito afinco. Se isso é verdade, por que tão poucas pessoas alcançam de fato o resultado que desejam de seu trabalho duro?

Muito simples: elas confundem atividade com produtividade. Só porque você está fazendo alguma coisa não significa que está realmente chegando a algum lugar. Todos nós já vimos *hamsters* correndo em uma pequena roda em sua gaiola. Eles geram muita atividade, mas nenhuma produtividade.

Recentemente, fiz algumas consultorias para uma organização comercial. Essas pessoas da área de vendas trabalham unicamente por comissão, então a única coisa produtiva que realmente fazem é conversar com novas pessoas sobre seus produtos e serviços. Antes de nossa sessão de treinamento, os vendedores comuns disseram-me que estavam trabalhando com afinco entre oito e dez horas por dia. Assim que eles aprenderam que sua única tarefa produtiva era conversar com novas pessoas acerca de seus produtos e serviços, fizemos uma experiência simples. Cada vendedor recebeu um cronômetro e foi instruído a mantê-lo no bolso e acioná-lo apenas quando estivesse conversando com um novo cliente, por telefone ou pessoalmente. Descobrimos que os que recebiam os maiores salários na verdade eram produtivos apenas três horas por dia. Os que produziam na média ou abaixo da média eram inferiores em produtividade.

Se você deseja ser mais bem-sucedido, ganhar mais ou alcançar seus objetivos de forma mais rápida, simplesmente separe atividade de produtividade, e reserve pelo menos metade do seu dia de trabalho para a produtividade. A diferença irá surpreendê-lo. Seu futuro o aguarda.

Hoje é o dia!

A Sabedoria da Tartaruga-Mordedora

Quando eu tinha oito anos de idade, durante uma de minhas excursões pela floresta, capturei com sucesso uma enorme tartaruga-mordedora. Imediatamente, levei-a para a casa de meus avós, escolhi uma caixa apropriada e fiz da tartaruga meu bichinho de estimação oficial. Pelo fato de ter ficado particularmente quieto, meu avô foi até a varanda para verificar que travessura eu poderia estar fazendo. Mostrei-lhe minha tartaruga e expliquei-lhe que agora ela era meu animal de estimação.

Meu avô pegou um lápis no bolso da camisa e cutucou a tartaruga sob seu casco até que ela esticou a cabeça e prontamente mordeu completamente a ponta do lápis. Então meu avô virou-se para mim e fez uma pergunta da qual me lembro ainda hoje. Ele perguntou: "Agora que você sabe o que fazer, se você colocar seu dedo lá dentro e ela lhe der uma mordida, a culpa é sua ou dela?"

Para um menino de oito anos, isso era muito simples. Eu sabia que se permitisse que a tartaruga mordesse meu dedo, seria culpa minha. Fico feliz em informar-lhe que no momento em que escrevo este texto ainda tenho todos os meus dez dedos.

Muitos de nós quando adultos nos esquecemos da sabedoria da tartaruga, e somos mordidos várias vezes. Não falhamos por não sabermos o que fazer. Falhamos por não fazermos o que sabemos. Sigmund Freud disse que a insanidade é definida como fazer a mesma coisa várias vezes seguidas esperando continuamente um resultado diferente. Se você ficar colocando o dedo na boca da tartaruga, continuará perdendo seus dedos. Se deseja um resultado diferente em sua vida, tome uma atitude diferente. Comece agora.

Hoje é o dia!

A Ilha "Algum Dia"

Todos nós tivemos sonhos, objetivos e planos maravilhosos quando éramos adolescentes e jovens. Mas em algum momento, a realidade entra em cena e deixamos nossos sonhos e objetivos afastarem-se para cada vez mais longe em nossa mente. Nós de fato embarcamos todos os nossos sonhos e objetivos para um lugar fabuloso que chamo de ilha "Algum Dia".

A ilha "Algum Dia" é um lugar do tipo cartão postal onde o clima é sempre perfeito e tudo é sempre maravilhoso — exceto pelo fato de que nada acontece. E agora, toda vez que pensamos naqueles sonhos e objetivos, há muito tempo esquecidos, dizemos a nós mesmos: "Algum dia farei isso"; "Algum dia farei aquilo". Mas esse "algum dia" nunca chega.

O general George Patton falou que um bom plano executado impetuosamente agora é melhor do que um plano perfeito na próxima semana. Isso se aplica a cada um de nós ao longo de nossa vida. Por favor, lembre-se de que o maior sonho que você já teve em sua vida está vivo e certo. Ele voltará da ilha "Algum Dia" assim que você fizer dele uma prioridade em sua vida.

Seu futuro é maravilhoso demais para ser adiado. Assuma o compromisso. Dê os passos. Pague o preço.

Hoje é o dia!

Ser o MELHOR

Em nossa sociedade, honramos aqueles que são os melhores naquilo que fazem. Expressões como "Somos o número 1!" são ouvidas com frequência. Você nunca ouvirá: "Somos o número 2" ou "Não somos tão bons, mas somos melhores que o último lugar". Se desejamos ser o melhor naquilo que fazemos, temos que aprender a ter:

Equilíbrio. É esse elemento que mantém nossa vida estável. Todos nós já ouvimos falar de atletas superstars, multimilionários e estrelas do cinema que arruínam suas riquezas ou os relacionamentos familiares em sua busca pela grandeza. Não importa quanto alcançamos em uma área da vida, se perdemos a perspectiva total de que somos seres multifacetados, nunca poderemos ter sucesso.

Entusiasmo. Esse é o primeiro sentimento que recebemos quando entramos neste mundo e o médico nos dá uma palmadinha, e é a última coisa da qual desistimos antes que fechem a tampa do caixão. Tive o privilégio de entrevistar celebridades do mundo do entretenimento, dos esportes e da política, e algo que essas pessoas têm em comum é uma tremenda paixão pelo que fazem. Se você não sente aquele tipo de paixão diária ao seguir seus objetivos na vida, precisa buscar uma nova carreira ou uma nova atitude acerca da carreira em que está atualmente.

Determinação. Essa é a habilidade de manter o foco em uma coisa de cada vez. Isso não significa ter apenas uma dimensão na vida. Simplesmente quer dizer que quando estamos trabalhando, trabalhamos;

Hoje É o Dia

quando estamos brincando, brincamos. E qualquer outra tarefa que escolhemos empreender recebe nossa total atenção e foco.

Tenacidade. Esse é o elemento que sempre resulta em sucesso eventual. Como uma pessoa cega, eu poderia bater uma bola de beisebol lançada pelo melhor jogador no principal campeonato se você me deixasse tentando até conseguir. A mensagem imortal de Winston Churchill ecoa ao longo dos anos: "Nunca desista, nunca desista, nunca, nunca, nunca..."

Vá em frente e seja o MELHOR.

Hoje é o dia!

Hoje É o Dia!

Você já deve ter notado que o texto de cada coluna termina com a frase "Hoje é o dia!" Isso não foi por acaso. Um senso de urgência é o elemento mais vital em seu sucesso. Existem muitas grandes ideias que nunca chegam a ser nada além de uma grande ideia porque falhamos ao não darmos o tão importante primeiro passo.

Recentemente, tive de enfrentar a morte iminente de um parente próximo. Isso gera uma perspectiva nova e muito preciosa. Experimentei o imediatismo por querer dizer e fazer coisas importantes antes que seja tarde demais. Na verdade, todos nós deveríamos viver assim.

Usando a linguagem dos negócios, ontem é um cheque sustado que não tem mais valor, e amanhã é uma nota promissória que pode ou não valer alguma coisa. A única moeda real que podemos gastar é hoje. Se você tem um sonho, uma meta ou um objetivo que merece sua atenção e consideração, acredito que é um presente que lhe foi dado. Com este presente, existe a responsabilidade de agir em relação a ele — não algum dia ou amanhã, mas hoje.

Creio que para cada objetivo em nossa vida existe um passo que pode ser dado hoje. Talvez seja simplesmente estudar e aprender, preparar-se, ou conhecer novas pessoas que podem nos ajudar ao longo do caminho. É importante ter objetivos vitalícios e metas em longo prazo, mas lembre-se de que eles não significam nada a menos que abracemos a verdade eterna de que quando você resume sua vida à sua essência, o *agora* é a única coisa que realmente importa.

Hoje é o dia!

Uma Doença Chamada Mais

Anos de sucesso e prosperidade em nossa economia criaram uma sociedade baseada no consumo. Não nos preocupamos mais com nossa sobrevivência física ou financeira; porém, temos experimentado um novo desafio. Como povo, abraçamos o desafio ilusório de acumular mais. Por favor, entenda que não há absolutamente nada de errado em desfrutar bens materiais. Porém, é importante estabelecer uma distinção entre os bens que possuímos e os bens que nos possuem.

Se o seu objetivo é adquirir um determinado padrão ou estilo de vida para você e sua família, ou para ter estabilidade no futuro, essa ambição é admirável. No entanto, se o seu desejo ardente é imitar a imagem retratada nos comerciais de TV ou em revistas cheias de glamour, você tem sofrido da terrível doença chamada "mais".

"Mais" é uma doença que se alimenta de si própria, como uma sede que nunca pode ser saciada. Quando nos ocupamos vagamente tentando acumular mais, ficamos cientes de um número ainda maior de coisas que não temos e precisamos obter. Em vez de buscar o objetivo impossível de alcançar mais, devemos buscar o objetivo interno que é chamado de "suficiente".

Ironicamente, podemos encontrar pessoas que são bilionárias e que há muito tempo perderam a conta de suas posses. Todavia, essas pessoas ainda são motivadas por uma eterna busca por mais. Por outro lado, existem pessoas de recursos aparentemente modestos que atingiram a admirável condição de suficiente. Elas não se julgam com base no que possuem, mas em quem são. Elas chegaram à conclusão de que é mais importante ser alguém especial do que ter um grande acúmulo de bens. Elas chegaram à condição de entender que o importante não é "ter", mas "ser".

Em última análise, muitas vezes alcançar o estado de suficiente lhe dará a confiança e a paz para ser uma pessoa ainda melhor, que atrairá mais sucesso, resultando nas posses tangíveis que se tornaram um vício em nossa sociedade. Mantenha o foco em quem você é, e permita que aquilo que possui se torne o resultado de seu sucesso pessoal.

Hoje é o dia!

Começando Todo Dia

Sucesso na vida, tanto pessoal quanto profissional, depende de nossa habilidade de interagir, de modo bem-sucedido, com as pessoas ao nosso redor. Não há sucesso sem relacionamentos positivos em nossa vida. Um relacionamento bem-sucedido não é um relacionamento sem conflito. Não existe relacionamento sem conflito. Todavia, um relacionamento bem-sucedido é aquele em que os conflitos são resolvidos.

Muitas pessoas, seja na vida pessoal ou profissional, cometem o erro de evitar conflitos simplesmente não lidando com eles. Embora em curto prazo essa tática possa resultar em um breve período de paz, a realidade é que o conflito continua a se desenvolver rumo a um ponto ingovernável, até que explode, frequentemente tornando impossível uma solução naquele momento.

A solução para isso é muito simples: encare todos os conflitos no dia em que surgirem.

Minha esposa e eu adotamos uma postura por muitos anos e que nos serve bem. Nós enfrentamos qualquer conflito em potencial de forma imediata. Se um problema não é tratado no dia em que surge, é considerado fora de campo no fim do dia. Isso nos força a deixar a situação prosseguir ou a lidar com o conflito imediatamente, antes que se multiplique em algo ingovernável.

Todos nós já passamos por situações em que alguém irracionalmente explode por causa de uma situação secundária. Na mente delas, não é uma situação secundária, porque estão lidando com um lote pesado de questões que deixaram acumular por semanas, meses ou até anos. Então, a gota d'água faz transbordar o copo e um dano irreparável é causado a esse relacionamento.

A Bíblia nos ensina: "Não se ponha o sol sobre a vossa ira" (Ef 4.26). Libere-a ou encare o problema enquanto é uma questão secundária, e todos os dias você se levantará pronto para lidar com as pessoas em sua vida pessoal e profissional.

Hoje é o dia!

Foco

Foco é o segredo para transformar energia em produtividade. Ele transforma nossos sonhos em objetivos e em realidade.

Em um dia extremamente quente, o sol arderá com intensidade suficiente para lhe causar uma queimadura bem grave. Mas essa mesma energia quando captada e concentrada em uma lupa pode produzir uma intensa chama incandescente capaz de ser usada em qualquer tarefa ou finalidade que você escolher.

Nos negócios hoje, existe uma moderna escola de pensamento chamada "linha de extensão". Essa teoria nos diz que se você tem uma companhia bem-sucedida que fez um nome fabricando pneus de neve, você deve ser capaz de pegar seu nome e associá-lo a outros produtos, experimentando o mesmo grau de sucesso, estendendo assim a sua linha. Embora isso funcione ocasionalmente, é mais freqüente um plano de extensão bem pensado, e não apenas rotular novamente um outro produto com uma expectativa de recriar o sucesso anterior.

Companhias ou pessoas que alcançam o sucesso excelente em qualquer área mantêm o foco intensamente naquela área. Com freqüência, a mentalidade da linha de extensão de produtos é simplesmente um pretexto quando o andamento se torna difícil e a grama parece mais verde no outro pasto.

Antes de diminuir ou mudar o seu foco, você tem que perguntar a si mesmo: "Se não podemos fazer isso aqui, o que nos leva a acreditar que podemos fazer em algum outro lugar?" Se você está realmente expandindo seu sucesso, isso é bem diferente, mas se está pensando que o sucesso chegará mais fácil até você por outro caminho, provavelmente você está perto de um tempestuoso despertar.

Toda pessoa ou corporação que experimenta o sucesso faz isso com um foco singular, e então a partir daquele sucesso constrói um outro e mais outro para acompanhá-lo.

Todo triunfo vem com seu preço e grau de sacrifício. Se você fez um desvio tentando evitar um pedágio, muitas vezes descobrirá que as condições se tornaram ainda mais difíceis e ainda existe uma taxa a ser paga. Por isso, nunca devemos misturar "Como vamos fazer isso?" com a decisão de "O que vamos fazer?" Isso é sempre um erro cometido por pessoas que vivem em desespero, como já foi muito bem descrito.

Você vai pagar o preço, não importa o caminho que siga; logo, você poderia igualmente seguir o caminho que lhe dá entusiasmo e paixão. Então simplesmente mantenha o foco em seu objetivo e nas atividades que você sabe que o ajudarão a alcançá-lo. Você descobrirá que o caminho mais curto para seu destino final levá-lo-á direto à tarefa mais ameaçadora e assustadora à sua frente. Mas, como sempre, tenho certeza de que se você tem um sonho, este lhe foi dado porque você tem a capacidade de executar cada tarefa necessária para alcançar este objetivo.

Hoje é o dia!

A Busca pela Normalidade

Recentemente, ouvi falar de um grupo de agências de publicidade que estão em busca do que chamam de cidade ou município "normal". Parece que estão procurando o exemplo demograficamente perfeito dos Estados Unidos. Elas passam um longo período de tempo buscando esse buraco negro de normalidade. Mesmo quando encontram uma cidade ou município que consideram normal, dentro de um ou dois anos elas precisam se mudar porque o lugar — por qualquer razão — não é mais "normal".

Como crianças, todos nós nascemos como indivíduos criativos separados e distintos. Não importa o que você ouça contrário a isso, nossa sociedade não recompensa ou aprecia indivíduos singulares. Somos ensinados desde a tenra idade a nos conformarmos de todas as formas para não ficarmos fora da multidão. Em essência, somos ensinados a ser "normais".

Esse processo de normalizar a todos é semelhante a buscar o menor denominador comum humano. Quer dizer, se você nunca se sobressai, certamente nunca enfrentará resistência. Sempre me lembrarei de quando recebi o diagnóstico da doença que resultou em minha cegueira. Depois que se tornou aparente que eu lentamente perderia minha visão e não seria "normal", lembro-me de meu pai dizendo: "Você nunca será normal, mas, na verdade, ser normal não é algo que mereça ser desejado".

Apesar de todos nós concordarmos com esse princípio, como sociedade ainda recompensamos a normalidade. Embora eu não de-

Hoje É o Dia

fenda ser antissocial, acho que a grandeza vem da expressão criativa individual. Pense em todas as coisas que você faz ao longo do seu dia. Pergunte-se o que aconteceria se você começasse a fazer algumas dessas tarefas em um nível acima do normal. Observe os mentores ou pessoas cujo desempenho você almeja. Você descobrirá que os verdadeiros empreendedores deste mundo raramente fazem alguma coisa "normalmente". Eles realizam algumas tarefas críticas no nível mais elevado possível e, com frequência, ignoram ou delegam tarefas triviais aos outros. Monumentos nunca são erguidos para pessoas normais. São erigidos a pessoas que se dedicaram a fazer alguma coisa extraordinariamente bem. Encontre isso em sua vida, e fuja da tentação de ser normal.

Hoje é o dia!

Seu Passado não É Igual ao seu Futuro

Seu futuro, junto com seus objetivos pessoais e profissionais, não é tão frágil como você pensa. O fracasso, com frequência, é o fertilizante que faz o sucesso futuro florescer. Há pouco tempo, confirmei esse princípio em minha vida por meio da história de nove irlandeses do século XIX.

A história conta que em 1848, quando a Irlanda estava tentando se separar da Inglaterra, nove jovens irlandeses rebeldes foram capturados e sentenciados à morte. Quando eles foram levados à presença da rainha Vitória para a punição, ela não pôde suportar a execução, então os enviou para a colônia penal da Inglaterra na Austrália.

Cerca de quarenta anos depois, a rainha Vitória visitou a Austrália e foi recebida pelo primeiro ministro, Sir Charles Gavan Duffy. Ela ficou surpresa quando ele revelou ser um daqueles nove jovens irlandeses sentenciados à morte. A rainha Vitória nomeou-o cavaleiro, e ele ficou conhecido como Lord Charles Duffy. A rainha perguntou se ele tinha conhecimento dos outros oito prisioneiros. Ele informou-lhe que todos tinham mantido contato, e contou-lhes suas realizações.

Thomas Francis Meagher imigrou para os Estados Unidos, onde se tornou barão do gado e um dos primeiros governadores de Montana. Terrence McManus e Patrick Donahue tornaram-se generais no exército dos Estados Unidos, onde serviram com distinção. Richard O'Gorman imigrou para o Canadá, onde foi governador geral de Newfoundland. Morris Lyene e Michael Ireland foram membros

Hoje É o Dia

do gabinete governamental na Austrália e também procuradores gerais deste país. D'Arcy McGee tornou-se primeiro ministro do Canadá. E, finalmente, John Mitchell imigrou para os Estados Unidos, onde foi um político proeminente em Nova York. Seu filho, também chamado John Mitchell, foi prefeito da cidade de Nova York.

Todos nós enfrentamos desapontamentos bem como obstáculos e barreiras em nossos diferentes caminhos para o sucesso. Eu não compararia os meus problemas com os seus nem com os daqueles nove amigos irlandeses. Porém, é importante lembrar que nós somos tão grandes quanto a menor coisa que nos afasta de nosso destino.

Lembre-se de que em cada derrota há uma semente de uma vitória maior. Saia e encontre essa semente, e você terá uma vida maravilhosa.

Hoje é o dia!

Pontes e Muros

Cada vez que interagimos com alguém, recebemos a oportunidade de construir uma ponte ou um muro. Não existem encontros neutros. Cada contato edifica ou destrói o relacionamento.

Recentemente, tive a oportunidade de tomar café da manhã e almoçar no mesmo restaurante de um hotel no mesmo dia. Durante o café da manhã, o local estava muito cheio, e a refeição demorava a chegar; no entanto, a garçonete era educada, agradável e profissional. Ela me perguntou sobre mim e a respeito do propósito de minha viagem. Ela parecia realmente se importar. Fiquei com uma impressão muito positiva do que poderia ter sido uma experiência medíocre, pobre.

À tarde, voltei para o almoço. O restaurante estava quase vazio, e a comida era servida rapidamente, além de ser muito saborosa. Todavia, a garçonete não era tão atenciosa, e fez com que eu me sentisse um intruso em seu importante dia. Fiquei com uma impressão negativa, apesar de todos os fatores em torno da refeição serem melhores do que de manhã, exceto minha comunicação com a garçonete.

Milhões de dólares são gastos todo dia para chamar a atenção de clientes ou atraí-los para negócios. Grandes ideias, esforços e preparação fazem parte dos detalhes da experiência de compra e venda. Às vezes acho que nos esquecemos de que o cliente ficará com uma boa ou má impressão com base na experiência humana.

Hoje É o Dia

Precisamos ver cada interação como uma conta bancária humana. Cada vez que estamos em contato com alguém, fazemos um depósito ou uma retirada de sua conta. Ao longo do seu dia, tente se conscientizar do fato de que a impressão mais forte que você deixa sobre si mesmo ou sobre seu negócio é provavelmente sua atitude e a maneira de comunicar-se com os outros.

Você já deve ter ouvido a frase: "Você nunca tem uma segunda chance de causar uma boa primeira impressão". Embora isso seja verdade, a realidade é ainda mais profunda. Nunca temos outra chance de refazer nenhuma impressão. Todas elas têm valor.

Hoje é o dia!

Enfrentando o Medo

O medo é o obstáculo número um para todo sucesso. Com frequência, ficamos desapontados pensando que pessoas de grandes realizações não sentem medo. A realidade é que esses campeões sentem medo, mas realizam grandes feitos apesar disso.

Pouco depois de perder minha visão, encarei um medo que nunca antes imaginei. A única maneira de evitar tudo que eu estava temendo foi mudar-me para um pequeno quarto nos fundos de minha casa. Esse quarto tornou-se o meu mundo.

Finalmente, em um dia de frustração, percebi que tudo que me causava medo fora do meu quarto não era pior do que passar o resto da minha vida em um quartinho nos fundos de casa. Decidi me aventurar a ir mais longe do que até a caixa de correio.

Na primeira vez que saí de minha casa como uma pessoa cega e caminhei até a minha caixa de correio, eu mal conseguia me mover e estava tenso de tanto medo. Após sair de minha casa quinhentas vezes e caminhar a extensão de minha garagem, nem mesmo pensei em ficar nervoso. Eu simplesmente fui até a caixa de correio e voltei para casa.

Eu poderia, com a mesma facilidade, ter tropeçado pela centésima vez, como na primeira, mas naquele momento eu também sabia que se tropeçasse em alguma coisa, eu poderia me levantar, sacudir a poeira e ainda chegar ao final da garagem e voltar para casa.

Nada mudou na garagem ou nos perigos em potencial. *Eu mudei.* E é assim com qualquer sucesso.

Os problemas, obstáculos e desafios podem não ser diferentes. Podem ser maiores. Mas você e sua habilidade de superar desafios crescem proporcionalmente. Você se torna mais capaz de dar o próximo passo, e isso faz toda a diferença.

Todo o mundo sente medo. Campeões encaram o medo e seguem adiante.

Hoje é o dia!

Além do Medo

Cerca de vinte e cinco anos atrás, meu pai apresentou-me a um homem que se tornaria meu mentor e uma importante influência em minha vida. Lee Braxton tinha educação escolar elementar, mas lucrou milhões de dólares durante a Depressão e foi bem-sucedido em várias áreas. Ele era o tipo de pessoa que tratava as pessoas importantes como se fossem comuns, e as pessoas comuns como se fossem importantes. Ele melhorou a vida de muitas pessoas ao seu redor. O Sr. Braxton faleceu há muitos anos, mas lembro-me dele quase todo dia.

Recentemente, meu pai estava esvaziando alguns arquivos antigos e encontrou por acaso algumas anotações feitas pelo Sr. Braxton cinquenta anos atrás. Os escritos do Sr. Braxton tinham a ver com pessoas que fracassaram porque sentiam medo do sucesso. À primeira vista, o medo do sucesso pode parecer ridículo. Todo o mundo quer ser bem-sucedido. Quem teria medo disso? A realidade é que muitas pessoas falham em alcançar o sucesso porque têm um medo profundo dele.

O que todos nós buscamos não é necessariamente sucesso, mas nossa própria zona de conforto. Tentamos nos adaptar ao mundo da maneira e no nível que nos sentimos merecedores. É provável que você conheça pessoas que estão quase conseguindo o que desejam, e então, de algum jeito, praticamente sabotam seus próprios esforços. Recentemente, li a respeito do fenômeno de prisioneiros que, após cumprirem sua pena, cometeriam algum crime trivial e voltariam para a penitenciária porque lá se sentiam mais confortáveis.

Você já ouviu a velha frase de pessoas que não acreditam em alguma coisa: "Só acredito vendo". Na verdade, "você verá quando acreditar". Somos resultado daquilo em que acreditamos e imaginamos poder alcançar. Qualquer coisa além disso nos tira de nossa zona de conforto e gera o medo do sucesso.

Ao longo do seu dia, examine suas metas e objetivos de longo prazo. Projete-se mentalmente naqueles papéis que o sucesso lhe trará. Verifique se aquele papel de sucesso gera medo ou conforto em sua mente. Com frequência você pode se superar fazendo o que outras pessoas pensam a seu respeito, mas nunca o que pensa de si mesmo.

Hoje é o dia!

Perspectiva É Tudo

A realidade pode ser mais bem definida como a percepção de alguém com base em sua perspectiva. Recentemente, eu estava me divertindo com um velho, e até antiquado, romance policial em que quatro agentes secretos adversários estavam sentados, em volta de uma mesa, envolvidos em um jogo de cartas. Um dos agentes recebia um símbolo codificado que deveria ser escrito na toalha de mesa. O símbolo seria captado por uma câmera escondida no teto da sala. Os outros três agentes secretos observariam o símbolo secreto assim que fosse escrito na toalha, e então voltariam com a informação aos respectivos mestres espiões.

Na hora marcada, um dos participantes escreveu a letra "M" na toalha. A câmera secreta imediatamente captou o símbolo. O espião que estava no lado oposto da mesa logo pediu desculpas aos seus superiores dizendo que o símbolo era um "W". Na mesma hora, os espiões à esquerda e à direita da mesa rapidamente disseram que o símbolo secreto era uma letra "E" e o número "3", respectivamente.

Embora de outra forma o romance fosse facilmente esquecido, foi interessante notar que aqueles quatro observadores treinados — cada um deles com um objetivo tão simples quanto identificar um caracter — chegaram a uma conclusão diferente. Os espiões falharam em sua missão, não por falta de vigilância, mas por não terem entendido a regra da perspectiva.

Hoje É o Dia

Você já ouviu dizerem que a beleza está nos olhos de quem vê. Tudo está nos olhos ou na percepção do observador. Para trabalhar com pessoas, você deve estar disposto a entender, considerar e apreciar a perspectiva delas. Todos nós conhecemos pessoas que têm um ponto de vista positivo, otimista, em relação à vida. Da perspectiva dessas pessoas, elas comeram a melhor refeição, viram o pôr-do-sol mais lindo da história e ouviram a música mais maravilhosa. Por outro lado, também conhecemos pessoas que usam uma abordagem mais cautelosa para descrever a vida. De sua perspectiva, a refeição estava OK, o pôr-do-sol foi bonito e a música era agradável.

Na verdade, essas pessoas estão descrevendo exatamente as mesmas coisas, e a menos que você entenda e ajuste a perspectiva delas, será iludido e falhará em obter a informação e o *feedback* necessários para ser bem-sucedido. Quando entendemos as perspectivas dos outros, começamos a falar com os sentimentos em vez palavras.

Hoje é o dia!

A Vantagem da Adversidade

O que faz algumas pessoas terem um desempenho de extremo alto nível, enquanto outras parecem manter o foco na mediocridade? Essa é uma questão que incomoda aqueles que estudam o desenvolvimento pessoal desde o princípio dos tempos. Deve haver uma resposta escondida em um local improvável. Aqueles que superaram obstáculos em suas vidas parecem estar mais bem preparados para enfrentar os desafios do mundo.

Recentemente, li o livro *The Greatest Generation* (A Maior Geração), de Tom Brokaw. Nessa obra, ele explica por que acredita que a geração que atingiu a maioridade durante a Segunda Guerra Mundial foi a maior do século XX. Brokaw apresenta uma justificativa muito boa para isso. No entanto, quando você investiga a causa da grandeza dessa geração, pode ser um pouco desnorteante.

Inicialmente, alguém pensaria que essa grandeza veio do treinamento extra que as pessoas receberam para ir à Segunda Guerra Mundial ou talvez da educação adicional que receberam depois da guerra. Na verdade, essa grandeza foi formada muito mais cedo. Como resultado de viver durante a Grande Depressão e então lutar na Segunda Guerra, essas pessoas ficaram face a face com seu próprio potencial.

Você já ouviu falar que qualquer adversidade que não o destrói torna-o mais forte. Esse princípio esclarece a maior geração no livro de Bokaw. Uma vez que você tenha enfrentado a adversidade e conseguiu superá-la, tem a habilidade para calmamente lidar com ou-

Hoje É o Dia

tras barreiras, enquanto aqueles que nunca enfrentaram adversidade questionam sua própria habilidade.

Se pelas páginas da história você observar aqueles que realizaram proezas que todos nós almejamos, descobriremos que as sementes da grandiosidade dessas pessoas foram plantadas em sua própria adversidade. Essas sementes foram adubadas com fracasso e regadas com sangue, suor e lágrimas de luta pessoal. Na próxima vez que você enfrentar adversidade, desapontamento ou desencorajamento, perceba que aí está a semente de um grande amanhã.

A batalha que você enfrenta hoje é o trampolim de seu futuro.

Hoje é o dia!

Encontre o Jogo Certo

Todos nós fomos ensinados que há dois tipos de pessoas no mundo — os vencedores e os perdedores. Mas, como qualquer outra crença que todos nós estimamos, não é tão simples assim. A realidade é que todo o mundo é um vencedor em potencial. Simplesmente estão competindo no jogo errado.

O nível de habilidade e paixão necessários para tornar-se um campeão não é transferido de um jogo para outro. Quando a história dos esportes no século XX foi escrita, críticos esportivos debateram sobre quem deveria ser considerado o maior atleta do século. Quase todos concordaram que se Michael Jordan não fosse o melhor, certamente estava entre os dois ou três melhores atletas dos últimos cem anos.

Porém, até mesmo o grande Michael Jordan, que reescreveu o livro dos recordes do basquete, foi nada mais que um medíocre jogador da liga menor de beisebol.

Se você atualmente não é um campeão em sua vida, talvez esteja no jogo errado. Seus talentos, capacidade, habilidade e paixão são perfeitamente adequados para que você se torne um vencedor. Se você não está ganhando, em vez de tentar com mais afinco, poderia entrar em outra competição.

Chega um momento em que todos nós temos que ser extremamente honestos acerca de nossas próprias forças e fraquezas. Como uma pessoa cega, percebi que existem muitas coisas que eu simplesmente não tenho a capacidade de realizar da maneira tradicional.

Hoje É o Dia

Contudo, qualquer "falta de habilidade" pode tornar-se uma vantagem por limitar os jogos em que você não vencerá; assim, os jogos em que pode tornar-se um vencedor ficam mais evidentes.

Descubra do que gosta, e você se encontrará colocando o empenho e a intensidade necessária para se tornar um campeão. Enquanto estiver jogando a partida de outras pessoas de acordo com as regras estabelecidas por elas, você se frustrará. Porém, uma vez que você der um passo de coragem na escuridão rumo à claridade do sol e começar a buscar sua própria paixão, você se encontrará com a medalha de ouro da vida em seu pescoço enquanto sobe ao pódio.

A vitória é doce, e pertence a cada um de nós. Em última análise, a recompensa vem mais por se fazer a coisa certa do que por um bom desempenho.

Hoje é o dia!

Cada Tentativa É Importante

Há muito tempo admiro os campeonatos de golfe exibidos na TV. Recentemente, Tiger Woods revolucionou o esporte e mudou a forma de a audiência se divertir com um evento.

Em um torneio recente, Tiger estava prestes a dar a tacada para acertar o último buraco a fim de ganhar o torneio de quatro dias. O nobre locutor profissional anunciou: "Este é o lance que vencerá o torneio".

Quando Tiger Woods acertou realmente a tacada e venceu o torneio, pensei sobre o fato de que qualquer um dos 275 lances ao longo do período de quatro dias poderia ter vencido ou perdido o campeonato. O primeiro lance não era menos importante que o último. Não era uma promessa imediata e certa de vitória, mas, no entanto, era tão significativo quanto o último.

Nossas vidas e carreiras funcionam da mesma forma. Passamos nossos dias realizando muitas atividades aparentemente insignificantes que, quando combinadas, compõem nosso sucesso ou fracasso. Toda vez que você conhece alguém, redige uma carta, faz uma apresentação, atende um telefonema ou faz qualquer uma de centenas de outras coisas, está realizando uma atividade que poderia, de modo concebível, fazer de você um vencedor ou um perdedor.

Ao contrário de Tiger Woods, você e eu nunca sabemos qual atividade vai fazer a diferença. Aquele momento em que você foi menos do que o seu melhor poderia ter consequências de longo alcance. Você nunca sabe quem está observando o seu desempenho.

Se nós soubéssemos quais eram os pontos decisivos críticos em nossa vida, agiríamos como se estivéssemos nas Olimpíadas, em um campeonato nacional ou internacional. Por isso, a fim de ser um vencedor, é preciso que cada lance tenha um padrão de excelência. Como diz um grande amigo meu, "um vencedor é vencedor em todo o tempo".

Campeões não tiram um dia de folga.

Hoje é o dia!

POR QUE E POR QUE NÃO?

Lembro-me de uma citação que ficou conhecida no funeral de Robert Kennedy. "Alguns homens veem as coisas como elas são e dizem 'Por quê?' Eu sonho com coisas que nunca existiram e digo 'Por que não?'"

Em nossa sociedade, temos nos tornado tão avessos aos riscos que com frequência colocamos a criatividade em perigo. Contratamos consultores para nos informarem o que é possível, mas eles definem "possível" determinando o que já foi feito. É importante perceber que antes de cada grande avanço da humanidade os especialistas da época teriam afirmado que isso era impossível.

Frequentemente, quando realizo palestras, peço à audiência que entre em um estado mental que chamo de "neutro". Isso significa simplesmente afastar circunstâncias ao redor de sua realidade imediata e examinar o mundo de possibilidades. Fazer isso não é tão fácil como parece. Fomos programados para evitar riscos e medir cada obstáculo. Assim, logo que você começa a explorar possibilidades se perguntando "Por que isso não seria possível?", sua mente imediatamente passa a considerar o custo, o risco e a probabilidade de fracasso.

Por favor, entenda que precisamos de pessoas que analisam os riscos e lidam com os detalhes. Elas são pessoas que impulsionam o navio do esforço humano. Todavia, o capitão do navio — a pessoa que controla o leme e o timão — deve ser uma grande figura do tipo de pessoa "Por que não?"

Tudo era impossível antes de ser feito. Durante décadas antes de Roger Bannister romper uma milha em quatro minutos, afirmaram que a marca era inatingível. Ao longo de vários anos após a corrida de Bannister que estabeleceu o recorde, literalmente dezenas de atletas em todo o mundo já romperam a milha em quatro minutos.

Visionários abrem a porta da possibilidade permitindo que o mundo inteiro passe para uma existência melhor, mais brilhante e mais significativa.

Não importa se você concorda ou não com a opinião de Robert Kennedy. O legado mais duradouro que ele nos deixou foi sempre questionar a realidade e expandir o campo da possibilidade.

Observe cada área de sua vida e pergunte: "Por quê?" Então, vá para o estado neutro por um tempo suficiente para explorar todas as possibilidades e pergunte-se: "Por que não?" Você pode começar a viver em um nível mais elevado, estimulado pelo poder da possibilidade.

Hoje é o dia!

As Regras se Aplicam

Sucesso e felicidade na vida vêm quando começamos a entender que as regras universais aplicam-se a nós.

Lembra-se de quando você era um adolescente? Você nunca se sentia envelhecendo. A ideia de ter trinta anos era tão estranha para você que parecia não ter sentido. Então, antes que percebesse, você faz trinta, mas tem a certeza de que nunca passará dos quarenta anos. Posso me lembrar de ser uma pequena criança que ignorava o fato de que a lei da gravidade se aplicava a mim. Alguns inchaços e machucados depois, a realidade tornou-se clara.

Recentemente, a correção no mercado de ações ensinou a vários investidores ingênuos que as regras se aplicam a eles. Por vários anos, o mercado era tão sólido que muitos investidores novos nunca tinham visto um mercado em baixa. Se você tivesse lhes perguntado, eles afirmariam que, teoricamente, o mercado pode sofrer uma queda. Mas pela forma como eles faziam empréstimos e investimentos com uma margem de lucros, suas ações indicavam que eles não estavam convictos de que as regras se aplicavam a eles.

Muitas pessoas têm dificuldade em ver as regras como consequências em longo prazo em uma perspectiva diária. Elas estão cientes de que usar o cinto de segurança é importante para sua segurança, mas dizem coisas como: "Eu vou apenas ao mercado" ou "Vou só descer um quarteirão". Embora elas saibam que na perspectiva de uma vida inteira isso é crítico, nunca lhes ocorre que as regras se aplicam a elas todos os dias. Nunca é *esse* cigarro, *essa* bebida ou *aquele* mau hábito de hoje que vai gerar o problema.

Quando falhamos na vida, raramente é por não sabermos o que fazer. Muitas vezes, falhamos porque não fazemos o que sabemos. O sucesso se torna um hábito, e o fracasso pode ser um formador de hábito, de igual modo. Todos nós já ouvimos pessoas que, ao vivenciarem o fracasso, disseram: "Eu sabia que isso iria acontecer" ou "Isso sempre acontece comigo". Ao mesmo tempo, aqueles que são bem-sucedidos seguem as regras do sucesso, e suas vitórias seguem uma outra como o mecanismo de um relógio.

Atendimento ao cliente significa tratar a todos com a Regra de Ouro — tratá-los em seu lugar de negócios como gostaria de ser tratado no delas. Nunca sabemos qual interessado se tornará o relacionamento de milhões de dólares. Por isso, você deve tratar a todos com um alto nível de integridade e profissionalismo. Se soubéssemos quando sofreríamos uma batida, todos usaríamos o cinto de segurança apenas naquele dia. Como não sabemos, aplicamos as regras de sucesso em todas as situações. Desta forma, podemos tornar cada dia uma experiência segura, produtiva e bem-sucedida.

Hoje é o dia!

O Presente Supremo

Em poucos anos passados, tive o privilégio de escrever diversos livros e um certo número de colunas publicadas. Alguns anos atrás, concluí meu primeiro romance, que foi transformado em um filme.[1] Escrever ficção é uma aventura em uma nova arena, quando você tem o privilégio de escrever sobre o mundo e como você acha que ele deveria ser em vez de como é na realidade.

Sem danificar a história, quando um dos homens mais ricos do país morre, deixa para todos os parentes dinheiro, negócios ou propriedades, exceto para um jovem. Para seu neto, ele deixa uma narração de aventuras de doze meses, que resulta em *O Presente Supremo*.

A vida é um presente que nos foi dado. Nosso modo de viver e melhorar a vida é nosso presente para aqueles ao nosso redor. Veja a seguir uma lista de alguns presentes da vida que todos nós podemos desfrutar como resumidos em *O Presente Supremo*.

1. *O Presente do Trabalho*: Aquele que ama o que faz nunca se aflige.
2. *O Presente do Dinheiro*: O dinheiro não é nada mais que uma ferramenta. Pode ser uma força para o bem, uma força para o mal ou simplesmente ser inútil.
3. *O Presente dos Amigos*: É uma pessoa rica, de fato, aquela que calcula suas riquezas não em ouro, mas em amigos.
4. *O Presente do Aprendizado*: A educação é uma jornada que dura a vida toda e cujo destino se expande enquanto você viaja.

5. *O Presente dos Problemas*: Problemas podem ser evitados somente com a prática do bom julgamento. O bom julgamento só pode ser obtido por meio da experiência com os problemas da vida.
6. *O Presente da Família*: Algumas pessoas nascem em famílias maravilhosas. Outras precisam encontrar ou criar uma família assim. Ser membro de uma família é algo que não tem preço, e não pagamos nada por isso exceto o amor.
7. *O Presente do Riso*: Rir é um bom remédio para a alma. Nosso mundo está precisando desesperadamente de mais remédio.
8. *O Presente dos Sonhos*: Fé é tudo que os sonhadores precisam para ver o futuro.
9. *O Presente da Doação*: A única maneira de você verdadeiramente obter mais da vida é cedendo parte de si mesmo.
10. *O Presente da Gratidão*: Naqueles momentos em que ansiamos ter mais em nossa vida, devemos enfatizar as coisas que já temos. Agindo assim, com frequência descobrimos que nossas vidas estão abundantemente cheias.
11. *O Presente de um Dia*: A vida, em sua essência, resume-se em um dia de cada vez. Hoje é o dia!
12. *O Presente do Amor*: O amor é um tesouro que nunca poderemos pagar. A única maneira de preservá-lo é compartilhando-o.
13. *O Presente Supremo*: No fim, a vida vivida em sua plenitude é seu próprio presente supremo.

Comece a viver hoje como uma expressão do *Presente Supremo*.

Hoje é o dia!

---
[1] **N. do T.**: O filme foi lançado no Brasil em 2006 com o título *O Presente*.

Pensando dentro e fora da Caixa

O jargão atual entre os empresários e publicitários é "Pensar fora da caixa". Isso significa pensar de forma não ortodoxa, não tradicional, que leva a novas e criativas conclusões. É uma ferramenta poderosa porque permite que você use toda a sua mente criativa sem limitar-se pela forma como as coisas sempre foram feitas. Contudo, enquanto você está pensando no caminho novo "fora da caixa", não se esqueça de que existem alguns conceitos muito importantes naquela velha caixa. O pensamento tradicional de uma época foi o pensamento "fora da caixa" de alguém criativo. Por ter sido bem-sucedido, aquele pensamento tornou-se tradicional ou "na caixa".

Recentemente, ouvi acerca de uma mulher que estava interessada em trazer sua cozinha para a era digital. Ela comprou um programa de computador para arquivar todas as suas receitas. Então, tirou todos os seus velhos cartões de receitas plastificados de sua velha caixa de receitas. Ela foi ao computador em seu escritório e passou muitas horas digitando todas as suas receitas em seu computador. Depois de concluir a tarefa monumental, ela estava pronta para começar a cozinhar com seu novo sistema de receitas do século XXI.

Ela selecionou um prato que desejava preparar, e o computador instantaneamente localizou a receita, exibindo-a na tela. Então a mulher foi para a cozinha e começou a cozinhar. Rapidamente, percebeu que estava desperdiçando seu tempo indo e voltando da cozinha até o computador em seu escritório. A solução encontrada para

Hoje É o Dia

esse problema foi imprimir a receita em um papel comum para que ela pudesse levar para a cozinha. Em pouco tempo, como sempre acontece em uma cozinha movimentada, a bancada ficou uma bagunça e a impressão do computador contendo a receita foi molhada, tornando-se manchada e ilegível.

Em total frustração, ela disse: "Seria ótimo ter todas as minhas receitas impressas em cartões impermeáveis, que não ficassem manchados". Se você está acompanhando a progressão, perceberá que os novos desejos da personagem são bastante parecidos com o seu início — cartões de receitas plastificados em uma caixa de madeira.

Não pense se é uma ideia nova ou velha. Não se preocupe se está na caixa ou fora da caixa. Remova a caixa e implemente a melhor ideia.

Hoje é o dia!

Abra a Mente, Feche a Boca

Quando você completa mais aniversários que terminam em "0", aprende a grande quantidade de coisas que não sabia. As experiências na vida nos dão sabedoria, mas para cada resposta parece surgir duas perguntas que não são respondidas.

Quando você era um adolescente ou um jovem, tudo parecia simples, fácil, e você entendia tudo completamente. Com o passar do tempo, o simples mundo preto e branco desbotou em vários tons de cinza. Percebemos que as pessoas são resultado de seu ambiente, de seus pensamentos e de suas atitudes.

Com frequência, parece que pessoas não instruídas e inexperientes querem lhe dizer tudo, enquanto pessoas sábias e instruídas mostram-se relutantes a falar. Acredito ser quase uma lei universal que as opiniões de pessoas que nos são forçadas, geralmente são inúteis, enquanto aquelas que, de fato, têm algo a dizer devem ser procuradas e questionadas. Nunca peça a opinião de alguém que não tem o que você quer. Por outro lado, ao encontrar pessoas bem-sucedidas na área de seu interesse, você deve perguntar especificamente sobre a sabedoria que possuem.

Como pessoas mais jovens, pensamos que existe apenas um lado na questão. À medida que amadurecemos, descobrimos que há dois lados, e quando realmente obtemos sabedoria, aprendemos que existem muitos lados com vários ângulos. Tempo, experiência, livros e viagens expandem o campo de referência de uma pessoa. Conhecer pessoas diferentes de lugares diferentes pessoalmente ou por meio de livros nos fará pensar. Pessoas mesquinhas com frequência só se associam ou leem materiais de pessoas com quem concordam. Pessoas sábias discutirão questões ou lerão livros escritos por pessoas com quem talvez não concordem.

Sabedoria é alcançada mantendo-se uma mente aberta e uma boca fechada. Por outro lado, a ignorância é exposta tendo uma boca aberta e uma mente fechada. Comprometa-se a ouvir mais do que falar, e certifique-se de ouvir as pessoas que têm algo que valha a pena ouvir. Cada dia, você faz um depósito ou um saque de sabedoria em sua conta bancária da vida. Tenha certeza de investir e economizar sabiamente.

Hoje é o dia!

O Compromisso Contínuo

Todos nós já ouvimos a história da pessoa a quem pediram que caminhasse sobre uma tábua estreita que estava no chão. Obviamente, não há problema. Então pediram que essa pessoa caminhasse sobre a mesma tábua por um milhão de dólares — a única diferença é que a tábua seria colocada entre dois arranha-céus, a trezentos metros de altura. Aqui, poucos aceitam a proposta, pois a maioria de nós não arriscaríamos a vida — nem por um milhão de dólares — para nos balançarmos em uma tábua a trezentos metros de altura.

Todavia, se fôssemos acrescentar mais um detalhe e disséssemos que a vida de seu filho está em risco, e a criança está no outro prédio, e o único caminho para chegar lá é passando pela mesma tábua estreita, o cenário fica mais simples. A única coisa que muda em relação à tábua que está no chão e a que está suspensa é a quantidade de risco e compromisso que exigem para prosseguir.

Provavelmente, já lhe disseram, em algum momento, que você deve ter total compromisso com respeito a tudo o que faz em sua vida. Além de isso não ser verdade, é perigoso. Existem apenas algumas coisas na vida em que se pode investir total compromisso, logo, devemos escolher nossos compromissos sabiamente. É óbvio que você deve ter total compromisso com seu cônjuge e sua família. Você deve ter total compromisso com sua fé ou crenças essenciais pelas quais vive. E deve ter total compromisso em relação ao seu destino ou à paixão que escolheu para sua vida. Mas se você tiver o mesmo nível de compromisso com seu programa de TV favorito, enfrentará sérios problemas em sua vida.

Equilíbrio na vida significa ter a porção correta de compromisso investido nas coisas apropriadas para você. Certifique-se de que todos os compromissos realmente pertencem a você e não lhe foram impostos ou pressionados por outras pessoas.

Ouvi dizer que se não vale a pena morrer por alguma coisa, não há muito valor em viver por ela. Trata-se de uma forma dramática de dizer: "Tenha certeza de que todos os seus compromissos estão nos lugares adequados para você". A cada dia, esteja certo de que quando você investe tempo, esforço e energia, eles se alinham com os compromissos que você considera mais estimados em sua vida.

Hoje é o dia!

O Pai da Invenção

Se a necessidade é a mãe da invenção, o desespero certamente deve ser o pai. Muitas pessoas trabalham sob a falsa impressão de que criatividade e inovação vêm de ter tempo em um ambiente despreocupado para refletir sobre possibilidades e pensar "fora da caixa". Na verdade, muito do que chamamos de novos desenvolvimentos ou inovações surgiram de uma necessidade desesperada trazida à frente pela pressão de um problema.

Recentemente, lembrei-me da história do vendedor de sorvete na Feira Mundial no século passado que se encontrou na posição não-invejável de ter praticamente um número ilimitado de clientes, embora não conseguindo vender seu sorvete pela falta de colheres e potes. Seu estande ficava próximo ao de um vendedor de *waffles*[2] que estava criticando insensivelmente o vendedor de sorvete por ser mal preparado.

Em um momento de frustração e desespero, surgiu um "flash" genial. O sorveteiro foi até o estande vizinho, comprou centenas de *waffles* e formou o que hoje conhecemos como sorvete de casquinha.

Tempos depois, o sorvete de casquinha transformou o senhor no estande de sorvete na Feira Mundial em um milionário, mas o que realmente inspirou seu gênio não foi o nível de necessidade, e sim a interjeição de um grau de desespero. É surpreendente o que podemos fazer quando temos de agir.

Muitos empresários hoje estão seguindo um padrão burocrático. Certa porção de estilo organizacional é decisiva, mas o que se perde é a criatividade empreendedora. Um empreendedor se mantém vivo fazendo alguma coisa acontecer. Um burocrata se mantém vivo evitando cometer um erro óbvio. O empreendedor é propenso a fazer alguma coisa, mesmo que no momento não seja o curso perfeito. O burocrata, por outro lado, torna-se estagnado e com frequência escolhe se cercar com uma defesa feita de relatórios e estudos mostrando que o melhor curso de ação é não fazer nada.

Ao seguir sua vida ou seus negócios, tente encontrar o equilíbrio entre o controle metódico do burocrata — que permitirá que você mantenha o sistema diário funcionando — e a criatividade do empreendedor. Na próxima vez que estiver saboreando um sorvete de casquinha, lembre-se de que ele surgiu mais de uma tentativa de último minuto para superar um equívoco devastador do que de qualquer gênio criativo. Hoje, comprometa-se a procurar oportunidades disfarçadas de crise.

Hoje é o dia!

---

[2] **N. do T.:** Espécie de panqueca de massa grossa, assada em torradeira especial.

Planejamento Financeiro

Em nossos dias, ouvimos muito sobre as diversas teorias de planejamento financeiro. Como o mercado de ações proporciona seu contínuo passeio de montanha-russa, parece haver uma proliferação de "especialistas" financeiros colocando-se à disposição para dizer-lhe o que fazer com o seu dinheiro.

O planejamento financeiro é importante, mas não necessariamente o tipo que os "especialistas" querem que você adote. Como você utiliza seu dinheiro e as prioridades financeiras que estabelece terão muito a ver com seu modo de vida. É como pedir o jantar em um restaurante. Não há respostas certas ou erradas, mas se você pedir o conselho de um "especialista", poderá terminar comendo fígado quando na verdade queria frutos do mar.

Quando você realmente analisa, existem apenas duas ou três coisas que seu dinheiro comprará. Você pode gastar seu dinheiro em coisas, recordações ou segurança. Mais uma vez, existem as três escolhas, e não há respostas certas ou erradas. Como na maioria dos casos, um grau de equilíbrio e preferência pessoal é a chave para a felicidade.

Todos nós já vimos pessoas que passam dos limites fazendo compras. Elas têm de ter o carro mais novo e vestir-se na última moda. Embora não haja nada naturalmente errado em possuir coisas, se este for o seu único desejo você nunca ficará totalmente satisfeito. Os anunciantes da Avenida Madison, em Nova York, fazem hora extra para garantir que sempre haja algo novo que você precise ter para sentir-se satisfeito — se você for uma daquelas pessoas dominadas pelas coisas que possui ou, mais apropriadamente, pelas coisas que possuem você.

Existem aqueles que gastam dinheiro criando experiências maravilhosas que se transformam em recordações que lhes nunca poderão ser tiradas. Isso é uma atividade maravilhosa se for mantida em equilíbrio. Mas se você passar dos limites criando recordações e experiências, se tornará um membro de carteirinha do clube "comamos, bebamos e nos alegremos, porque amanhã morreremos".

Muitas pessoas descobrem que essas experiências e recordações não são suficientes para sustentá-las ao longo da aposentadoria ou de uma crise financeira.

Segurança é um objetivo importante, mas você não pode investir todo o seu dinheiro para um "tempo de privações". Se você não tomar cuidado, poderá perder a maravilhosa experiência de hoje e então descobrir que a situação talvez não se torne difícil amanhã. Encontre o equilíbrio entre coisas, recordações e segurança, e você será seu próprio especialista em finanças.

Hoje é o dia!

Empreendedorismo

A palavra "empreendedor" passou a significar a pessoa que está em um negócio por si mesma. Embora eu não discorde dessa definição, não estamos todos por nossa conta nos negócios? Até o mais envolvido gerente no meio de uma enorme burocracia corporativa está realmente em seu próprio negócio. Vários anos atrás, o termo "empreendedor interno" foi desenvolvido para aquelas pessoas ou grupos que tinham alguma autonomia em uma estrutura corporativa. Ao estendermos essa definição, devemos perceber que todos nós estamos nos negócios por nossa conta.

Há um grande estímulo na América corporativa para que haja uma declaração corporativa de compromissos ou um objetivo corporativo. Quando se afasta todas as pessoas, não há corporação. Portanto, uma empresa não pode ter um objetivo ou declaração de compromissos. Em vez disso, uma declaração de compromissos seria uma compilação de todas as esperanças individuais, sonhos e aspirações das pessoas que trabalham lá.

Um bom objetivo corporativo seria um objetivo que será alcançado quando cada indivíduo na coletividade da empresa atingir suas próprias metas, por conseguinte, alcançando o objetivo corporativo. Não muito raro, nas empresas americanas pede-se que as pessoas que não têm escolha na questão adotem objetivos corporativos. Embora essas exigências conseguirão um suposto apoio, não resultarão na paixão necessária para alcançar a excelência.

É importante descobrir o que motivará as pessoas com quem você trabalha. Nem sempre é dinheiro, títulos, grandes escritórios ou uma vaga reservada no estacionamento. Embora essas coisas tenham o seu espaço, com mais frequência as pessoas são motivadas por serem elogiadas, por se sentirem valorizadas e terem a sensação de realização no grande esquema de coisas.

Muitas empresas têm uma política de que cada funcionário deve apresentar uma revisão mensal ou trimestral de seu desempenho. Em vez de ter uma revisão executiva arbitrária do desempenho de um funcionário, eu preferiria ver aquele executivo perguntar ao funcionário: "Quais são seus objetivos para o próximo mês, e como podemos ajudá-lo a chegar lá?"

Somente quando percebemos que estamos todos no mesmo barco, entendemos a importância de remar na mesma direção. Não é difícil que todos em uma empresa entendam a mesma ilustração. Na próxima vez que você entrar em um avião, olhe em volta para todos os outros passageiros e perceba que pelas próximas horas todos vocês podem estar indo para o mesmo destino, mas não têm os mesmos objetivos em mente. Algumas pessoas estão viajando a trabalho, outras estão voltando para casa. Alguns passageiros farão conexões com outros aviões, enquanto outros terão um longo caminho até o final do voo, mas — em poucas palavras — todos eles concordam com o destino e estão seguindo na mesma direção.

Veja a si mesmo e as pessoas com quem trabalha como empreendedores individuais com seus próprios objetivos, talentos e paixões. Quando você descobrir esses segredos das pessoas ao seu redor, também encontrará a chave para o sucesso individual e corporativo.

Hoje é o dia!

O Presente do Trabalho

Muitos de nós tiramos um dia de folga, em nossas agendas agitadas, no Dia do Trabalho. Para a maioria das pessoas nos Estados Unidos, o Dia do Trabalho representa o fim de semana mais longo do verão. É hora de mais uma ida ao lago ou ao nosso acampamento favorito. O Dia do Trabalho também nos dá uma grande oportunidade de fazer uma rápida observação daquilo que chamamos de "trabalho".

Além de nosso nome, não há nada que nos defina melhor em nossa sociedade do que nosso trabalho. Quando somos apresentados a alguém, depois da obrigatória troca de nomes, a pergunta e tema de conversa mais confortável é trabalho. "O que você faz?" Não só os outros nos definem pelo nosso trabalho, mas nós, de fato, também nos definimos.

Certa vez, o falecido grande George Burns disse: "Se amar seu trabalho, você nunca trabalhará um dia em sua vida". A razão de o Sr. Burns ter vivido e trabalhado durante quase um século foi o fato óbvio de que ele amava seu trabalho. Quando se pensa sobre nossos passos agitados e agendas lotadas, é provável que você passe mais tempo com as pessoas com quem trabalha do que com sua família. Se vamos nos definir pelo nosso trabalho, sermos identificados pelos outros pela nossa profissão e passar mais tempo trabalhando do que com as pessoas que amamos, não é importante escolhermos a carreira correta?

Se você não encontra força, paixão e satisfação em seu trabalho diário, é hora de começar a planejar uma mudança. A maioria de

Hoje É o Dia

nós, se formos de fato honestos, escolhemos nossa carreira com base em considerações financeiras. Esse é um grande erro. Embora eu reconheça a natureza obrigatória de pagar as contas, as pessoas com melhor desempenho em todos os campos de empenho são muito bem recompensadas.

Não se ocupe tanto criando uma existência a ponto de se esquecer de viver.

Hoje é o dia!

Mentes Superiores

Você já ouviu falar que duas cabeças pensam melhor do que uma. É claro que isso depende das duas cabeças sobre as quais estamos falando, mas — se tudo correr bem — há força e sabedoria nos números. Quanto mais alta a montanha do sucesso que você escala, menos populoso será o caminho. Realizações e excelência trazem um grau de isolamento.

Ninguém deve tomar uma decisão em um vácuo. À medida que você se aproxima de seus objetivos, porém, torna-se mais difícil encontrar pessoas cujos conselhos e advertências sejam apropriados.

Um dos segredos para buscar aconselhamento é nunca pedir conselho a pessoas que ainda não têm o que você está tentando obter ao seguir suas metas. Não é fundamental que estejam no mesmo caminho, mas é crucial que partilhem os elementos decisivos de seu sucesso.

Em uma entrevista, Tiger Woods revelou que ele, Charles Barkley e Michael Jordan conversavam pelo menos uma vez por semana, pessoalmente ou por telefone. Eles descobriram que partilhavam os mesmos desafios de vida em relação ao desempenho atlético, sucesso financeiro e viver à vista de todos. O fato de que Tiger Woods é jogador de golfe e Michael Jordan joga basquete realmente não importa quando se trata dessas áreas de interesse mútuo.

Percebendo isso ou não, esses atletas de alta performance formaram um grupo de mentes superiores. Um grupo de mentes superiores é nada mais nada menos que um grupo de pessoas com mentalidade semelhante que estão lidando com os mesmos obstáculos e desafios. Recentemente, formei um grupo com outros quatro colegas palestrantes. Todos nós falamos sutilmente sobre assuntos distintos e frequentamos círculos variados; no entanto, quando se trata dos desafios básicos do dia-a-dia, em torno do crescimento e do sucesso de nossos negócios, estamos no mesmo jogo. Estabelecemos nossas próprias regras e cada um determina seus objetivos. Dependemos uns dos outros para um *feedback* honesto e delegação de responsabilidade.

Eu o encorajaria a descobrir várias pessoas com a mentalidade semelhante e que estejam viajando pela mesma estrada, ou pelo menos por um caminho parecido, rumo ao sucesso, e forme seu próprio grupo de mentes superiores. Os lucros que você vai dar e receber podem ser sem medida.

Hoje é o dia!

Esteja Preparado

Aqui em Tulsa, Oklahoma, acabamos de experimentar uma de nossas breves estações de neve e tempestades de gelo. Elas acontecem com frequência suficiente para nos lembrar de que ainda é inverno, mas são raras o bastante para percebermos que não estamos preparados adequadamente.

Todo ano depois de nossa negligente tempestade de inverno, o mesmo velho argumento volta à tona. "Por que não temos limpadores de neve adequados e outros equipamentos para cuidar dessa situação?" Não estou dizendo que não podemos nos preparar melhor; no entanto, a resposta óbvia é que não podemos justificar o empenho e a despesa que seriam necessários para nos prepararmos para algo que não acontece com frequência.

Os mesmos argumentos "Esteja preparado" surge quando observamos nossos negócios e finanças. Existem pessoas que gastam todos os seus recursos preparando-se para um período difícil, e pessoas que estão no outro extremo. Elas acreditam que devem "comer, beber e folgar, porque amanhã morreremos". Esse argumento "viva o agora" *versus* segurança é algo que enfrentamos todos os dias — não apenas quando está nevando.

O dinheiro é uma ferramenta e, portanto, só pode nos comprar coisas, recordações ou segurança. Aqueles que investem demais em segurança logo aprendem que todos nós temos de viver, e a única opção que a segurança nos oferece é a oportunidade de vivermos e experimentarmos a vida no futuro. Se a segurança permite apenas que você troque as experiências de hoje por aquelas que poderia desfrutar no futuro, ela é um mau negócio.

Por outro lado, se você gasta todos os seus recursos vivendo hoje sem pensar no futuro, é como aquele fazendeiro que come seus grãos de milho. Você pode ter um banquete imediato, mas passará fome quando o período de colheita passar.

Como alguém que iniciou a carreira de negócios sendo corretor, percebo que em muitas dessas decisões não há resposta certa ou errada. Isso depende do temperamento de cada organização ou pessoa. Devemos nos perguntar: Qual é nossa verdadeira tolerância de risco, e como podemos sobreviver na pior das hipóteses? Embora nem todo risco possa ser evitado, devemos administrar aqueles riscos que mais provavelmente surgirão em nosso caminho.

Olhe no espelho e busque as respostas honestas em si mesmo e então você encontrará o equilíbrio entre viver hoje e desfrutar o amanhã.

Hoje é o dia!

Serviço ao Cliente

Seja em nossa vida pessoal ou profissional, a Regra de Ouro ainda funciona: Faça aos outros aquilo que gostaria que fizessem com você. Com frequência nos negócios, passamos todo o nosso tempo em um lado da equação e falhamos em ver as coisas da perspectiva de nossos clientes. Sistemas, políticas e procedimentos que fazem total sentido para você, pelo fato de lidar com eles diariamente, podem ser um completo e absoluto mistério para seus clientes.

Há pouco tempo, precisei adquirir um importante equipamento para meu negócio. Depois de me arrastar de uma loja a outra, ouvindo: "Espere", "Volte mais tarde" ou "Não há ninguém aqui que possa ajudá-lo", percebi que em uma economia de iniciativa privada, voltada para o mercado, eu estava tendo trabalho demais para investir meu dinheiro. O serviço ao cliente é o segredo de qualquer negócio bem-sucedido que trabalhe com o público ou mesmo em um ambiente entre empresas.

Sempre que possível, telefone para sua empresa simplesmente para saber como as ligações são atendidas. Você pode ficar surpreso. Uma avaliação internacional indicou que seis, entre cada dez empresas, não puderam ser identificadas pela pessoa que telefonou, embora o atendente supostamente tenha mencionado o nome da empresa. Além de ser educadas e profissionais, pessoas que trabalham com atendimento telefônico devem falar de maneira distinta, a fim de que o nome da organização seja claramente entendido.

Procure o *feedback* de clientes que frequentam seu local de negócios ou fazem transações *online* ou por e-mail. Não importa o quanto é conveniente para você. O que importa mesmo é ser conveniente para seu cliente.

Sempre que possível, autorize as pessoas que lidam com reclamações e problemas dos clientes para resolverem as questões imediatamente. Clientes com reclamações consideraram uma solução satisfatória em proporção direta com o fato de terem que falar com poucas pessoas e preencher poucos formulários. O serviço de clientes apropriado pode transformar seus atuais clientes em uma estratégia de aumento de vendas e marketing para seu negócio.

Aquele velho ditado ainda se aplica: Seus clientes não se importam com o quanto você sabe até que saibam o quanto você se importa. Hoje, decida deixar seus clientes saberem o quanto eles são realmente valiosos.

Hoje é o dia!

Faxina de Primavera

A primavera é a estação do ano quando muitos de nós assumimos o compromisso de limpar nossos armários, sótãos e garagens. Tenho que admitir que essa época do ano me traz esperança e força renovada, mas nunca me presenteou com um irresistível desejo de limpar. No entanto, ao explorarmos a nova vida ao nosso redor, pode ser um bom momento para fazer alguma importante faxina de primavera quando está relacionada à nossa vida.

Pense nos velhos hábitos que fazemos por nenhuma outra razão além de sempre os praticarmos, e examine quais deles têm nos afastado de onde queremos estar. Muitos de nossos hábitos precisam de uma completa faxina de primavera. A primavera é uma grande época do ano para examinarmos nossos hábitos e a maneira como investimos nosso tempo, esforço e energia, e determinarmos se vale a pena manter esses padrões.

Qualquer coisa em seu armário que não tenha sido usada em um ano, provavelmente, pode ser descartada com segurança.

Qualquer hábito sobre o qual você não tenha refletido em um período semelhante precisa ser trazido à luz do dia e realmente analisado por seu valor ou ausência deste.

Assim como duas coisas não podem ocupar o mesmo espaço, e o universo não permitirá que exista um vácuo, um hábito ruim ou improdutivo precisa ser substituído por um bom hábito. Psicólogos nos dizem que qualquer coisa que fazemos por vinte e um dias começa a tornar-se um hábito. Isso quer dizer que, no décimo segundo dia, se você não realizar o ritual de atividade, vai parecer que está faltando alguma coisa.

Se de fato somos criaturas de hábitos — o que nós somos — é nossa incumbência formar bons hábitos. Todas as criaturas no reino animal possuem hábitos. Isso é chamado de instinto. Nós temos o privilégio, exclusivo entre todas as criaturas, de determinar quais serão nossos hábitos.

A qualidade de sua decisão pode distanciá-lo de qualquer coisa que deseje, porque você muda sua vida quando transforma sua mente. Quando você muda sua mente, muda seus hábitos, e mudando seus hábitos, inevitavelmente, muda sua vida.

Hoje é o dia!

Quatro Obstáculos para Começar um Negócio

Quando se trata de carreira, um dos maiores sonhos de muitas pessoas é ter seu próprio negócio. Esse sonho retrata a imagem mental de ser o capitão de seu próprio navio e estar no controle do seu futuro. Muitas pessoas que são consideradas um sucesso excelente nos negócios possuem ou pelo menos dirigem seu próprio funcionamento. Para a pessoa certa, não há nada melhor do que possuir seu próprio negócio. Para a pessoa errada, não há nada pior do que possuir seu próprio negócio. Para a pessoa certa, iniciar ou administrar uma empresa gera independência, estimula a criatividade e renova a energia. Para a pessoa errada, é algo que pressiona, limita e paralisa.

Há um número de obstáculos que você deveria considerar antes de iniciar ou administrar seu próprio negócio. Esses obstáculos baseiam-se uns nos outros. Você não pode chegar ao segundo obstáculo até que tenha passado pelo primeiro com sucesso, e, a menos que tenha superado todos os obstáculos, não deve nem pensar em estar em um negócio sozinho. Mas superar o último obstáculo não significa que você venceu a corrida. Significa que você está qualificado para se posicionar no ponto de partida a fim de começar a competição de possuir e administrar seu próprio negócio.

Sempre se lembre: não há nada errado em não ser dono de um negócio, líder ou empresário. Existem grupos de pessoas que trabalham valorosa e profissionalmente na estrutura corporativa de alguém. Isso não as torna pessoas ruins. Pelo contrário, isso as torna pessoas muito boas ajustando-se a uma equipe vibrante.

Os obstáculos a seguir, um a um, devem ser superados com sucesso antes que você se mova em direção à possibilidade de pensar em iniciar ou administrar seu próprio negócio.

Obstáculo 1: Honestamente, avalie seu temperamento para determinar se você é apropriado para ser um empresário ou dono de um negócio. Você é um líder? Gosta de abrir seu próprio caminho ou prefere seguir as orientações de alguém ou uma descrição de trabalho e carreira claramente delineada? Peça a amigos, colaboradores e familiares que sejam francos com você para avaliar seu temperamento também. Muitas vezes as pessoas ao nosso redor conseguem ver nossas forças e fraquezas com mais clareza do que nós.

Obstáculo 2: Verifique se você tem um talento, habilidade ou oportunidade sem igual. Você já ouviu falar que se desenvolver uma ratoeira melhor as pessoas abrirão caminho até sua porta. É lógico que seria melhor ser a primeira pessoa a fazer uma ratoeira. Se não for o caso, você deve determinar se a sua ratoeira é realmente melhor e tem uma vantagem competitiva de custo e qualidade comparada aos produtos que já existem no mercado. Você também deve avaliar se há um número suficiente de ratos — ou, nesse caso, clientes em potencial — no mercado em que pretende atuar. Essa área não pode ser concorrida demais. Empresários vão à falência todos os dias porque não são francos consigo mesmos. Eles acham que têm um talento, produto ou mercado sem igual, que ninguém mais tem.

Obstáculo 3: Você tem capital suficiente? Muitos empresários lhe dirão que a frase "capital suficiente" não existe. Porém, há mais verdade nessa expressão do que se pode imaginar. Quando você está nos negócios por conta própria, tudo demora mais, custa mais e é mais difícil do que se imaginou. Isso não é pensamento negativo. É a experiência da vida real de muitos donos de empresa. Muitos supostos empresários baseiam todas as suas projeções no conhecido contexto

Quatro Obstáculos para Começar um Negócio

do melhor caso. Seria muito melhor basear suas projeções no contexto do pior caso e ainda dividir pela metade. Se sobreviver naquela condição, você tem uma excelente chance de realizar seu projeto. O único pecado capital no planejamento de negócios é não ter mais dinheiro. Dinheiro compra tempo, segundas chances e muitas lições. Com dinheiro, você é como um piloto voando a mais de doze mil metros de altitude. Quaisquer problemas podem ser resolvidos a essa altura. Você tem tempo suficiente para fazer correções e planos eventuais, e para buscar alternativas. Sem capital suficiente, você é como aquele mesmo piloto voando a trinta metros acima do chão. Você pode voar com sucesso se tudo funcionar com perfeição; contudo, se acontecer alguma falha mecânica, problema com o combustível ou mudança no curso do vento, você está destinado a bater e explodir.

Obstáculo 4: Você tem paixão pelo seu novo negócio? Este pode ser o obstáculo mais crítico de todos. Essa paixão deve ser mais que uma boa ideia ou um negócio atrativo. Você deve estar disposto a viver, comer e respirar seu novo empreendimento porque, na realidade, provavelmente será forçado a tudo isso. Tornar-se um empresário significa estar disposto a fazer coisas que a maioria das pessoas não está. Isso só é possível quando você tem uma paixão inacreditável para buscar a realização de seu sonho de possuir seu próprio negócio.

Se você superou esses quatro obstáculos, pode estar pronto para se aproximar do ponto de partida. Se você for mesmo iniciar seu próprio negócio, lembre-se, acima de tudo, do melhor conselho que já ouvi sobre estar em um negócio por conta própria: Certifique-se de que está se divertindo. Você ingressou nesse caminho pensando que iria apreciá-lo. Se você não sente prazer em estar em seu próprio negócio, seria melhor ter um emprego trabalhando para outra pessoa.

Em suas marcas. Preparar. Já!

Hoje é o dia!

Escreva as Coisas

Todos nós tivemos um breve lapso de memória quando esquecemos o nome de alguém, um número de telefone ou simplesmente o que fomos pegar em um quarto. Embora essas coisas possam incomodar, geralmente não são cruciais para nosso total sucesso e felicidade. Por outro lado, o que é crucial para nosso total sucesso e felicidade é anotar os elementos importantes da vida. Muitas pessoas nem pensam em ir ao mercado sem fazer uma lista do que precisam comprar. Mas essas mesmas pessoas ririam se você lhes pedisse para escrever seus objetivos de vida, metas ou ideias criativas. Esses pensamentos são poderosos, e merecem o esforço necessário para serem escritos a fim de que você possa se referir a eles no futuro.

Muitos de nós passamos pela experiência frustrante de ter uma grande ideia ou pensamento no meio da noite, e dormirmos convictos de que quando tivermos de completar nossa ideia de manhã tudo será maravilhoso. Todavia, na manhã seguinte, apesar de nos lembrarmos de que tivemos uma grande ideia ou pensamento, simplesmente não nos recordamos do que era. Seria impossível calcular o imenso número de ideias, pensamentos criativos e projetos maravilhosos que nunca verão a luz do dia porque alguém falhou em levá-los a sério o bastante para escrever.

Tenho escrito essas colunas, semanalmente, há vários anos. Quando completei minha primeira coluna, estava certo de que continha toda a sabedoria e conhecimento que eu possuía. Então, após a se-

Hoje É o Dia

gunda e terceira semana, percebi que o conteúdo estava se esgotando. Mas, em algum ponto, adquiri o hábito de escrever tantas ideias quanto fosse possível à medida que elas surgiam. Às vezes, em reuniões no escritório ou durante várias conversas, um dos integrantes de minha equipe exclama com entusiasmo: "Isso é uma coluna!" E reconheço a semente de uma grande ideia que eu estava prestes a deixar passar.

Adquira o hábito de reconhecer e identificar grandes ideias, pensamentos e objetivos. Então, certifique-se de escrevê-los. Se é bom para sua lista de compras, também é bom para a sua vida.

Hoje é o dia!

Prevenindo seu Fracasso

Nos negócios e na vida, uma das chaves para o sucesso é evitar situações desfavoráveis. Infelizmente, situações desagradáveis raramente vêm com um rótulo que as identifica como tal. Experiência e maturidade nos trazem a habilidade de identificar situações ruins mais cedo ou antes que aconteçam. Mas sempre encaramos o desafio.

Há alguns anos atrás, deparei-me com um princípio significativo de tomada de decisões que chamo de "prevenir o fracasso". A essência desse princípio é que, quando surgem situações ruins, é melhor identificá-las antes de envolver-se nelas; no entanto, caso já esteja envolvido, é vital identificar a situação desfavorável o mais rápido possível. A única coisa pior que fracassar em um empreendimento é trabalhar duro por um ano e então perceber que ele estava condenado ao fracasso desde o início. Se um elo fraco ou elemento crítico está pesando na balança, é melhor expor a fraqueza e lidar com isso imediatamente em oposição a esperar.

Vamos supor que você esteja construindo uma casa, e a única coisa que torna o projeto financeiramente possível é usar um novo material para telhado à prova d'água que lhe foi apresentado por um vendedor questionável. Parece bom demais para ser verdade, porque é muito barato, mas o vendedor lhe garante que é resistente à água. Geralmente, esse material para o telhado é a última coisa a ser usada em sua nova casa; no entanto, o princípio de "prevenir o fracasso" nos diz que em vez de esperar até o último minuto para verificar se o material funciona conforme o prometido é testá-lo agora. Se funcionar como foi prometido, você pode ir em frente e construir sua casa confiantemente; porém, se não funcionar de modo correto, você não vai nem cavar os alicerces — muito menos completar 99% da obra — antes de concluir que seu projeto estava condenado ao fracasso.

Removendo o elo fraco na corrente logo no início, em vez de esperar o final, você pode salvar uma grande quantidade de tempo, esforço, energia e recursos.

Evite situações ruins quando você puder, mas quando não puder evitá-las, exponha e elimine-as o mais rápido possível.

Hoje é o dia!

Resolvendo Problemas

O sucesso nos negócios ou na vida pessoal é resultado de superar problemas. A única coisa necessária para ter uma grande ideia é realizar normalmente suas atividades diárias e esperar que surja um problema. Pergunte-se: "Como posso evitar ou superar esse problema?" Sua resposta é uma grande ideia. A única coisa que você precisa fazer para ter uma grande oportunidade de negócio é perguntar-se: "Como posso ajudar outras pessoas a evitar ou superar o mesmo problema?" Sua resposta será uma oportunidade.

Resolver problemas requer uma perspectiva diferente. Albert Einstein disse: "É impossível resolver um problema com a mesma mentalidade que gerou o problema". Quando você observa um conjunto de circunstâncias e percebe que isso é um problema, lembre-se de que foi sua mente que criou o problema. O mesmo conjunto de circunstâncias visto por outra pessoa pode não ser entendido como um problema. Para ela, pode parecer uma oportunidade ou um pequeno desvio na rota do sucesso.

Para todas as pessoas que identificam problemas e simplesmente param todo o progresso rumo aos seus objetivos, posso mostrar mais pessoas com o mesmo conjunto de circunstâncias que usam os problemas como trampolim para um sucesso e oportunidade ainda maior. Com frequência, os problemas são como o cenário de um filme de terror. Eles parecem muito assustadores e ameaçadores à primeira vista. Mas se você andar em volta, olhar do outro lado e ganhar outra perspectiva, descobrirá que o cenário nada mais é do que lona e papelão.

Não tenha medo de admitir o problema e olhar para ele de todos os ângulos. Busque a opinião de pessoas que você respeita, mas não contamine o pensamento delas identificando as circunstâncias como um problema. Simplesmente exponha os fatos e ouça a perspectiva delas acerca da situação. Problemas e oportunidades raramente vêm rotuladas como tais.

Procure o benefício. Busque o tesouro escondido. Você sempre encontrará o que está procurando. Se hoje você passar o dia procurando problemas, irá encontrá-los. Se, em vez disso, você procurar soluções e oportunidades, elas aparecerão em todo lugar. Tome a decisão de procurar a chave de seu sucesso em todas as situações.

Hoje é o dia!

A Solução da Decisão

Cada ano, quando o calendário volta ao início, as pessoas em todo o mundo se dedicam a uma série de comportamentos estranhos. Muitas pessoas passam para o novo ano só consumindo muita comida e bebidas, e fazem a famosa contagem regressiva para o Ano Novo, e depois passam o primeiro dia dormindo e sofrendo os efeitos do excesso de comida e bebida. Então é hora da batalha anual com as decisões de Ano Novo.

Existe alguma coisa sobre ser forçado a escrever um novo ano em comparações e acordos que levam as pessoas a tomar decisões absurdas. Escrevi vários livros sobre estabelecer metas e alcançar objetivos de vida. Sou a favor de tomar decisões; contudo, meu método é bem diferente do modo casual, improvisado de as pessoas estabelecerem decisões de Ano Novo. Além de não funcionarem, elas se tornam, em muitos casos, contraprodutivas.

Sempre que estabelecemos um objetivo, estamos, em essência, fazendo uma promessa a nós mesmos. Se não podemos manter essa promessa por não levarmos a sério em primeiro lugar, ou se estabelecemos uma meta impraticável, é muito mais difícil alcançar outros objetivos ao longo da estrada. Se você deseja fazer mudanças em sua vida, ou começar a buscar ativamente a realização de um objetivo, janeiro não é um momento melhor ou pior que qualquer outro.

Quando você estabelecer um objetivo, agora ou depois, certifique-se de seguir os seguintes critérios:

1. Certifique-se de que o objetivo pertença a você. Você não pode perder peso, parar de fumar ou começar a ser financeiramente responsável porque seu cônjuge ou sua sogra acham necessário. O objetivo deve pertencer a você.
2. Tenha certeza de que sua meta é realista. Não determine o fracasso antes de começar. Procure pessoas que foram bem-sucedidas alcançando o objetivo que você está buscando e siga o exemplo delas.
3. Estabeleça um passo que seja sustentável. É muito mais importante ajustar sua visão a um nível que pode ser realizado daqui a um ano do que tentar se exceder hoje de modo irreal.
4. Aprecie o processo. Se você vai ser um empreendedor nessa vida, passará mais tempo escalando a montanha do que sentado no topo. Aprenda a apreciar a estrada — não só o seu destino.

Hoje, determine-se a estabelecer um objetivo real que tenha importância para você ou livre-se da bagagem das decisões de Ano Novo.

Hoje é o dia!

Tudo que Você Pode Fazer

Em nosso mundo agitado, de passos rápidos, com frequência parece que somos chamados a fazer tudo melhor e com mais rapidez. Embora ter um bom desempenho certamente seja uma busca admirável, alguma coisa precisa ser deixada de lado. Não estou sugerindo — nem jamais daria essa sugestão — que você sempre faça menos que o seu melhor. O que estou sugerindo é que todos nós aprendamos a escolher nossas batalhas.

Precisamos focalizar, cada dia, as coisas que são necessárias para nos movermos em direção aos nossos objetivos pessoais e profissionais. Quase sempre o que gera estresse em nossas vidas são as exigências de outras pessoas tentando alcançar seus objetivos pessoais ou profissionais.

Alguém me falou sobre uma placa na parede de um assistente executivo de posição elevada que dizia: "Seu nível atual de estresse trazido por seu próprio desempenho ruim ou falta de planejamento não é problema meu". Embora a intenção seja provocar humor, essas palavras estão no círculo da verdade.

Em seu livro *First Things First* (Primeiro as Coisas Principais), o Dr. Stephen Covey explora as diferenças entre coisas importantes e coisas urgentes. Neste mundo, muitas coisas parecerão urgentes porque alguém está lhe impondo suas prioridades ou prazos. Por outro lado, isso é raramente decisivo na percepção da administração do tempo para fazer coisas importantes. Planejamento em longa extensão, desenvolvimento pessoal e contatos profissionais são todos vitais para o sucesso em longo prazo, mas raramente carregam um senso de urgência que exigiria que você lidasse com elas hoje.

Quando você olhar sua lista diária de coisas a fazer, tente colocá-la em ordem como se você fosse ser interrompido em algum momento do dia e não pudesse voltar atrás na lista. Determine que tarefa é a mais importante, e faça-a primeiro. De igual modo, quando estiver olhando sua lista diária de tarefas, pergunte-se após cada item a vital questão: "E se eu não fizer isso?" Se não houver uma boa resposta para essa pergunta, provavelmente você deveria eliminar, adiar ou delegar aquela atividade.

Não seja levado pela insana competição do século XXI de ter um bom desempenho fazendo as coisas erradas. Você deve decidir quais jogos vai jogar e quão bem fará isso.

Hoje é o dia!

Check-up Financeiro

Vivemos na época mais próspera na sociedade mais rica já vista na face da terra. Há mais milionários surgindo a cada ano do que em qualquer ano anterior. Apesar do pessimismo de Wall Street, os ricos estão, de fato, ficando mais ricos. Infelizmente, os pobres também estão ficando mais pobres. O fator que sempre fez nossa sociedade (norte-americana) economicamente notável é o fato de que temos uma classe média ativa e poderosa. Hoje, muitos da classe média estão ultrapassando a fronteira entre riqueza e pobreza. As decisões que fazem causarão impacto no futuro delas e de suas famílias.

A chave para a riqueza ou sucesso financeiro, surpreendentemente, não é o dinheiro, e sim o conhecimento. Se todo o dinheiro do mundo fosse dividido igualmente entre seus habitantes, dentro de poucos anos todo aquele dinheiro encontraria seu caminho de volta às origens. Pessoas bem-sucedidas financeiramente alcançam seus objetivos porque obtiveram certo conhecimento, a aplicam-no dia-a-dia em suas finanças profissionais e pessoais.

Como em qualquer outra área de sucesso, se quisermos ser bem-sucedidos financeiramente precisamos apenas seguir aquelas pessoas bem-sucedidas que foram antes de nós. Embora haja muitos caminhos para o sucesso financeiro, existem algumas características que todas as pessoas que acumulam e mantêm riquezas possuem.

1. Você deve gastar menos do que ganha, e então poupar e investir a diferença. Você não pode pegar emprestado o seu caminho para

a prosperidade. Esse é o segredo fundamental que se aplica tanto se você trabalha por um milhão ao ano ou por um salário mínimo. Esta área de administração financeira tem mais a ver com princípios de dieta do que com princípios de economia. Requer disciplina sistemática. O mito do "fique rico rápido" é simplesmente um mito.

2. Nunca empreste dinheiro em qualquer coisa que esteja perdendo valor. A combinação de juros altos e desvalorização dos bens significará desastre financeiro. Infelizmente, isso vai contra a natureza para a maioria das pessoas em nossa sociedade hoje. Não importa se são carros, roupas ou férias, essas coisas não geram riquezas em longo prazo. As possíveis exceções a essa regra incluiriam pegar dinheiro emprestado para o mercado imobiliário, educação ou proveito próprio.

3. Você deve entender e começar a aplicar o princípio de cálculo de juros. Eu chamaria o cálculo de juros de Oitava Maravilha do Mundo. Muitas pessoas entendem como isso funciona quando está relacionado a Visa e MasterCard, mas não fazem ideia de que esse mesmo princípio pode funcionar para elas se simplesmente economizarem e investirem.

Quando você analisa seus objetivos financeiros pessoais, não há respostas certas ou erradas. Dinheiro não é nada mais que uma ferramenta para fazer de sua vida e da de sua família o que você quer que seja. Na análise final, dinheiro só pode comprar três coisas. Dinheiro pode comprar objetos, pode comprar recordações e pode comprar segurança. Um equilíbrio entre os três provavelmente seja exigido quando você formula seus próprios objetivos financeiros pessoais e profissionais.

Muitas pessoas estão esperando seu navio retornar, quando, na verdade, nunca enviou nenhum navio. Um pouco de conhecimento e disciplina é tudo que você precisa para chegar lá.

Hoje é o dia!

A Prisão da Dívida

A maioria das fortunas de grandes empresas ou famílias que foram desenvolvidas em nossa sociedade foram criadas pela utilização do princípio de recompensa demorada. Dinheiro foi ganho, poupado e investido, gerando mais dinheiro para ser recebido, poupado e investido. Na era posterior à Segunda Guerra Mundial, um novo fenômeno tornou-se predominante. Ele é conhecido como crédito ao consumidor.

Anunciantes nos dizem: "Você pode ter o que quer agora e pagar depois". Embora tecnicamente isso seja verdade, esses anunciantes decerto não contam a história toda. Nós nos tornamos uma sociedade de devedores. Nossos governos nacional, estadual e municipal estão endividados, logo, muitos de nós seguimos o exemplo e fazemos empréstimos até o limite. Esta é uma tendência muito inquietante ao eliminar o ciclo de ganhar, poupar e investir.

Antes da Segunda Guerra Mundial, era muito fácil distinguir pessoas prósperas de pessoas da classe trabalhadora; no entanto, o aumento do crédito ao consumidor e a ampla disponibilidade de crédito fácil têm dado a todos a possibilidade de viver no "estilo de vida de ricos e famosos". Embora não haja nada errado em viver bem, sugiro que há um caminho certo e um errado de fazer isso.

Se você está hipotecando seu futuro e o de sua família em prol de conforto e símbolos de *status* hoje, esse é o caminho certo para o fracasso. Todos nós precisamos nos convencer de que essa tendência é universal a fim de analisarmos a situação de nossos jovens cidadãos ingressando na força de trabalho. Estatísticas recentes mostram que uma em cada cinco falências agora está sendo aperfeiçoada por um estudante universitário. Como alguém que se graduou na faculdade na década de 1980, acho isso espantoso, já que muitos estudantes universitários não têm nem a capacidade de se endividar.

Aparentemente, no novo milênio, você pode produzir uma quantia pesada de dívidas mesmo sem ter um emprego ou qualquer tipo de renda. A média de universitários que se graduam hoje está com uma dívida de 22.800 dólares referente aos estudos e mais de 7.300 dólares em dívidas no cartão de crédito. Isso significa que, sem renda nenhuma e quase nada para justificar suas despesas, a média de jovens ingressa na carreira com uma dívida de mais de 30 mil dólares. Esse valor é surpreendente se levarmos em consideração o fato de que foi acumulado antes da aquisição de imóveis, carros e outros grandes itens de consumo.

Lembre-se de que ninguém pega emprestado seu caminho para a prosperidade, seja um governo, seja um indivíduo. Se você não pode pagar agora, o que o faz pensar que será capaz de pagar mais tarde? Economize e invista. O cálculo de juros pode funcionar muito bem para você como faz pela administradora de seu cartão de crédito.

Hoje é o dia!

Transformando Problemas em Lucro

A sabedoria convencional nos ensina que problemas são coisas ruins que devem ser evitadas a todo custo. Embora superficialmente isso seja verdade, problemas contêm em si mesmos o segredo para grandes ideias e fabulosas oportunidades. Uma vez que você compreenda esse conceito, começará a aceitar problemas, antecipá-los e até sair de sua rota em busca deles.

Existem três passos simples para transformar seus problemas em lucro:

1. Compreenda que problemas representam oportunidades. Eles representam uma nova forma de pensar, agir e reagir. No passado, você poderia ver um problema como uma crise. Os símbolos ou caracteres chineses para crise são traduzidos como "oportunidade em um vento perigoso". Os chineses antigos perceberam que poderiam enviar suas pequenas embarcações no mar perigoso e, embora houvesse problemas para serem enfrentados, cada oportunidade estava além do vento perigoso. Uma vez que você reconheça um problema que está sendo vivenciado por você ou por alguém ao seu redor, você está pronto para dar o próximo passo.

2. O mundo inteiro está em busca de uma grande ideia. A única coisa que você precisa fazer para ter uma grande ideia é esperar que surja um problema, reconhecê-lo como tal e perguntar-se: "Como eu poderia ter evitado ou resolvido aquele problema?" A resposta a essa simples pergunta é uma grande ideia. Deve-

mos perceber que a ideia nunca teria existido sem o problema. Aqui está a oportunidade. Assim que identificamos um problema e elaboramos uma solução, estamos prontos para seguir o rumo a criar uma oportunidade.

3. Se tudo o que você precisa fazer para ter uma grande ideia é descobrir um problema que esteja enfrentando e resolvê-lo, então isso mostra que tudo o que precisa fazer para ter uma grande oportunidade de negócios é perguntar-se: "Como eu poderia ajudar outras pessoas a resolver ou evitar esse mesmo problema?" A resposta a essa pergunta contém a chave para uma grande oportunidade e lucro em potencial. Observe todo produto, conceito ou negócio de sucesso. Você descobrirá que eles são, em essência, um produto ou serviço que resolve os problemas das pessoas ou ajuda-as a evitá-los.

Seja o automóvel, a internet ou um peso de papéis, cada um a seu próprio modo, ajudam as pessoas a resolver ou evitar problemas. As pessoas lhe pagarão grandes somas de dinheiro individual ou coletivamente quando você identificar e resolver seus problemas. Ninguém jamais será mais acessível a seus produtos ou serviços do que alguém que esteja enfrentando um problema. Se você chamar ao acaso clientes em potencial a fim de vender-lhes pneus antiderrapantes para neve, a reação deles poderia ir da indiferença à rejeição. Por outro lado, se em uma manhã de inverno coberta de neve você passa por um motorista que derrapou em uma vala, se você puder ajudá-lo a sair da vala e explicar como seus pneus antiderrapantes para neve poderiam ajudá-lo a evitar esse problema no futuro, você encontrará um cliente muito acessível e imediato. Quanto mais repentino e imediato for o problema, mais lucrativa se torna a oportunidade.

Hoje, ao longo do seu dia, comece a olhar os problemas de um modo diferente e a transformá-los em ideias, e, depois, em lucro.

Hoje é o dia!

Persistência

Todos que trabalham para viver são empresários ou trabalham para um empresário. Se você trabalha para uma empresa pequena ou em crescimento, isso será óbvio para você. Se trabalha para uma grande empresa, talvez você precise de um olhar histórico para entender que a maior empresa multinacional já foi nada mais que uma ideia na mente de um empresário. Mesmo se você trabalha para o governo, seu salário vem de impostos pagos por empresários dedicados e que têm lucrado.

Tenho muito orgulho de considerar-me um empresário, e tenho estudado a vida e a carreira de muitos empresários ao longo dos anos. A maioria dos empresários é criativa, enérgica e concentrada. Eles partilham muitas características coerentes, mas o fator que é personificado por todo empresário é a persistência. A atividade empresarial oferecerá milhares de oportunidades para você desistir. Com persistência, é impossível falhar. Sem ela é impossível ser bem-sucedido. O mundo pertence ao homem ou mulher que simplesmente se recusa a desistir.

Poderíamos colocá-lo na marca do pênalti no último jogo do campeonato — não importa se você já treinou como batedor de pênalti ou não — e eu garantiria seu sucesso caso lhe déssemos um número ilimitado de chances e você se recusasse a desistir.

Tenho uma grande amiga que acabou de iniciar um novo negócio. Ela está enfrentando aquela inevitável série de muros de tijolos com a qual todo empresário se defronta. Sua persistência e tenacidade deixam-me orgulhoso de ser seu amigo.

Seja Thomas Edison, Henry Ford ou minha amiga, a opção de desistir precisa ser ignorada, e a oportunidade de tentar outra vez sempre deve ser buscada. Inevitavelmente, sempre há mais uma opção ou possibilidade para ser explorada. Seja em sua vida pessoal, seja em sua vida profissional, se você achar que já pensou em tudo, ainda não pensou. Se você acha que já tentou de tudo, ainda não tentou. Se você acha que chegou ao fim da linha, ainda não chegou.

Compreenda que a solução e a chave para o seu sucesso estão logo depois de sua próxima tentativa. Sua vitória está mais perto do que você imagina.

Hoje é o dia!

A Protelação Pode Ser sua Amiga

Sucesso, seja na vida pessoal ou profissional, é um resultado de tomar boas decisões. Boas decisões são resultado de reunir todas as informações pertinentes e usar o bom senso. O bom senso vem da experiência, geralmente a experiência de superar um problema ou desafio. Muitas pessoas se apressam diante de uma decisão ou julgamento.

A primeira coisa que você precisa fazer diante de qualquer decisão é determinar qual é o último minuto para finalizar sua escolha sem ser penalizado. A protelação raramente é considerada uma característica admirável, mas quando se trata de decisões, ser o primeiro da fila muitas vezes pode feri-lo gravemente. Com que frequência você ouve pessoas que foram vítimas de sua própria decisão infeliz dizerem: "Se eu soubesse disso antes..."? A realidade é que muitas dessas pessoas poderiam ter adiado suas decisões sem perda, e saberiam agora aquele fato ou elemento que desejavam ter conhecido antes.

Uma vez determinado o último minuto para tomar a decisão final, você precisa começar a reunir informações necessárias a fim de considerar todas as alternativas. Digamos que você esteja decidindo o que vestir para trabalhar esta manhã. Obviamente, você pode ouvir a previsão do tempo ou olhar pela janela. Se estiver muito quente ou muito frio, você se vestirá de acordo. Se estiver chovendo, vai pegar um guarda-chuva. Isso pode parecer básico, só porque você cresceu acostumado a ter facilmente todas essas informações.

Hoje É o Dia

E se em vez de decidir hoje o que vai vestir hoje, eu lhe pedisse para escolher seu figurino para um dia de trabalho daqui a cinco, seis ou sete meses? Seria muito mais difícil, porque a informação ainda não está disponível. Não há razão para você se apressar em uma decisão acerca do que vestir para trabalhar com meses de antecedência. Muitas pessoas são vítimas de falta de bom senso que resulta em más decisões simplesmente porque não têm informação. Se elas tivessem esperado mais para tomar a decisão, esse resultado infeliz poderia ter sido evitado.

Se você não tem certeza de ir para a direita ou para a esquerda, fique em cima do muro o máximo que puder. Você pode descobrir que ambos os caminhos se fundem ou que existe um caminho alternativo muito melhor que se apresentará um pouco mais adiante.

Hoje é o dia!

Faça, Ignore ou Transfira

Como pessoas de negócios ocupadas em busca de nossos objetivos e metas profissionais, todos nós enfrentamos o inevitável dilema "tempo versus tarefa". Há mais coisas para fazer do que o tempo concedido permitirá.

Um dos grandes fatores que encontro no sucesso de grandes performances individuais é a habilidade de analisar e categorizar tarefas em potencial. Via correio, telefone, e-mail ou pessoalmente, todos temos várias oportunidades para investir nosso tempo todos os dias úteis. A forma como investimos esse tempo determinará nosso possível sucesso ou fracasso.

O velho ditado "tempo é dinheiro" ainda se aplica. Há mais e mais pessoas que desejam tomar seu tempo com as oportunidades, problemas, contextos e crises que são delas. Embora certamente queiramos nos envolver com aqueles ao nosso redor, temos que perceber que tempo é um bem não-durável. Existem muitas coisas boas para fazer. Infelizmente, não há horas suficientes para realizar todas elas, então devemos substituir o bom pelo melhor.

Sempre que você é presenteado com uma oportunidade de investir seu tempo, deve imediatamente fazer uma das três coisas. Faça agora, ignore por completo ou transfira para um momento futuro. Lidar com papel, e-mail ou telefonemas ao mesmo tempo e imediatamente é, sem dúvida, a maneira mais eficiente de conduzir seus negócios. Muitas pessoas deixam pilhas de coisas sobre a mesa ou na pasta para pensar nelas mais tarde. Muito tempo é desperdiçado por

Hoje É o Dia

essas pessoas simplesmente voltando para resolver questões à mão. Lidar com a questão assim que surgiu não tomaria muito tempo e esforço.

Tempo é desperdiçado quando não somos capazes de tomar uma decisão firme no momento exato. Por isso, devemos: (1) reconhecer a tarefa ou oportunidade como válida e lidar com ela imediatamente; (2) reconhecê-la como inválida, perda de tempo ou simplesmente algo que não é tão bom quanto as outras coisas que estamos buscando. Esses itens devem ser eliminados de nossa vista; (3) reconhecer a tarefa ou oportunidade como algo que não é urgente ou imediato, mas tem algum mérito. Esses itens devem ser registrados em nossas agendas para algum momento futuro, quando teremos mais informação para fazer, ignorar ou transferir.

No mundo dos negócios, muito é feito de administração do tempo. Na verdade, não podemos administrar o tempo. Ele é uma força constante em nossas vidas. A única coisa que podemos administrar é a nós mesmos e como escolhemos investir o tempo que nos foi dado.

Hoje é o dia!

Conselho sobre os Conselheiros

Há alguns anos, tem ocorrido uma surpreendente proliferação no número de consultores, conselheiros, técnicos e mentores. Parece haver um número de pessoas que, mediante pagamento, estão dispostas a dizer a você e a mim como conduzir nossas vidas pessoais e profissionais. O conselho é a maneira mais rápida de limitar erros comuns, mas esse mesmo conselho com frequência garante a eliminação de possibilidades encobertas.

Quando levar conselheiros em consideração, você primeiro deve sentir-se confortável com a habilidade e a credibilidade deles. Algumas regras simples podem ser úteis.
1. Nunca busque conselho com quem não tem o que você quer. Eles precisam ser capazes de demonstrar que alcançaram o sucesso na área crítica que você está enfrentando ou que ajudaram outras pessoas em situações semelhantes à sua diante de elementos críticos.
2. Nunca receba conselho coletivo de alguém que está vendendo alguma coisa ou, por outro lado, tem um interesse investido. Tudo é recomendado pela pessoa que está vendendo.
3. Certifique-se de que seu conselheiro escuta bastante antes de tentar lhe dar um conselho. É importante que ele entenda por completo aonde você quer chegar antes de dizer-lhe como chegar lá.
4. Sempre que possível, pague por resultados, não por conselhos. Se eles estiverem dispostos a condicionar a remuneração deles

aos resultados que você alcançar, você pode descansar mais confortavelmente.

5. Lembre-se de um conselheiro só pode lhe dar informações acerca do que já é conhecido. Com frequência, seu destino futuro está além do universo conhecido dentro de seu campo. Frases como "Isso sempre foi feito assim" ou "Isso nunca foi feito antes" não são aconselháveis.

Bons conselhos e orientações vêm de experiências do mundo real. Nunca se esqueça de que quando você está contratando um consultor ou conselheiro eles podem ter passado muitos anos no mundo teórico ou acadêmico, enquanto você estava na linha de frente obtendo experiências no mundo real. O que já é conhecido, em muitas áreas, está mudando tão rápido que alguém que era um especialista mundialmente famoso dez anos atrás agora pode estar obsoleto.

Gosto de conselheiros que admitem que tudo é possível e então concentram suas energias em como ir de um ponto a outro em vez de me informarem por que minhas ideias ou conceitos são impraticáveis ou impossíveis. Conselheiros são uma ferramenta para ajudá-lo a concretizar seus sonhos, não um crítico para limitá-lo.

Hoje é o dia!

A Constância da Mudança

A única coisa que permanece constante ao longo do tempo é a mudança. A única certeza que você e eu temos em nossa vida pessoal e profissional é o fato de que nada permanecerá do mesmo jeito; portanto, as coisas podem melhorar ou piorar. Mas nem sempre isso fica logo aparente.

Tente se lembrar de todas as mudanças que ocorreram em sua vida no passado. Muitas vezes você pensou que a mudança imediata estava trazendo desastre quando, na verdade, ao olhar para trás hoje, aquela mudança aparentemente desastrosa trouxe muitas coisas positivas para sua vida. Por outro lado, pense naquelas mudanças em seu passado que você acha que seriam maravilhosas, mas que se tornaram menos positivas quando o tempo revelou a realidade da situação.

A fim de seguir adiante, crescer e desenvolver-se, é preciso aproveitar a mudança. Isso é difícil porque nós, seres humanos, sempre procuramos nossa zona de conforto. Isso pode ser definido como um lugar seguro, constante e de confiança. Qualquer coisa que ameace nossa zona de conforto imediatamente é vista como um perigo. Devemos sempre nos lembrar de que todo crescimento e desenvolvimento envolve mudança. Embora essa mudança possa não parecer positiva no início, ou não ser confortável, pode se transformar em um desenvolvimento maravilhoso.

Os velhos tempos não foram realmente tão bons, e o futuro assustador está cheio de promessas não reveladas. Precisamos receber a mudança como mensageira de coisas boas, e não de desastre. Temos a tendência de buscar o conhecido ao invés do desconhecido, o familiar ao invés do não-familiar; mas as pessoas que mantêm uma situação segura, estável e consistente raramente alcançam grandeza.

Pense nas pessoas que você admira na História. Sejam cientistas, artistas, filósofos, soldados ou políticos, aqueles que consideramos grandes ficaram, invariavelmente, na vanguarda da mudança. Eles introduziram uma nova fase. Ao olharmos para trás a partir de uma perspectiva histórica, observamos seus grandes feitos isolados. Mas se você estudar os detalhes da história, perceberá que toda grande pessoa ao longo dos séculos que teve uma nova invenção, desenvolvimento ou ideia, encontrou oposição e desprezo daqueles que desejavam manter o *status quo* e evitar mudanças.

Hoje, ao longo do seu dia, veja cada mudança como oportunidade.

Hoje é o dia!

O Mito do Atalho

Tudo que você precisa para se convencer de que nossa sociedade é viciada por atalhos para o sucesso é assistir à programação da TV a cabo de madrugada. No curto período de trinta minutos de propaganda, você pode se deleitar com os supostos méritos de produtos maravilhosos que lhe permitirão ganhar milhões de dólares instantaneamente, perder vinte quilos até a próxima terça-feira ou encontrar e casar-se com a pessoa dos seus sonhos antes desse fim de semana.

Nós nos tornamos viciados nessa mentalidade de atalhos. Regularmente assistimos à televisão ou filmes que apresentam crises mundiais que são resolvidas em minutos ou horas, e todos os envolvidos vivem felizes para sempre. Pessoas ingênuas supõem que todo o mundo já está nessa via expressa, então elas acreditam respeitosamente nesses esquemas de atalhos.

Beverly Sills, estrela de ópera internacional, autora famosa e grande patrocinadora de arte, disse certa vez: "Não há atalhos para qualquer lugar que valha a pena chegar". Isso é verdade hoje assim como tem sido ao longo da história.

Os jornais estão cheios de histórias de pessoas que experimentaram o sucesso "da noite para o dia" na vida profissional ou pessoal. Se você explorar realmente a experiência dessas pessoas, descobrirá que seu sucesso é um produto de muitos anos de concentração intensa em seus objetivos. Eu seria o primeiro a admitir que depois de muitos anos de concentração o sucesso chega, com frequência, em um bonito embrulho que parece ser entregue à noite, mas, na realidade, o sucesso foi uma complexa receita que estava em um longo preparo antes de sair do forno.

Você pode ter ouvido a história das árvores de bambu que brotaram de uma semente e cresceram apenas poucos centímetros nos primeiros sete anos, então, na estação seguinte, cresceram vários centímetros de modo surpreendente. Embora pareça que todo o crescimento ocorreu em poucas semanas ou meses, se você estudasse acerca de árvores, descobriria que por sete anos o sistema de raízes estava se desenvolvendo e se preparando para a época de rápido crescimento.

O que chamamos de sucesso "da noite para o dia" é, muito provavelmente, uma "descoberta da noite para o dia" de alguém que já tem um desempenho bem-sucedido há algum tempo. Pessoas que subiram os degraus corporativos descobriram que a chave para o sucesso é ter um desempenho de acordo com o nível que você deseja subir, e então você será recompensado com aquela promoção. Uma promoção não é simplesmente elevá-lo a um novo cargo, mas reconhecer e recompensá-lo pelo trabalho que já vinha realizando.

Hoje, ao longo de seu dia, certifique-se de que cada um de seus objetivos seja digno de seu talento e esforços, porque não há atalhos para chegar lá.

Hoje é o dia!

Na mesma Página

Todos nós somos parte de uma equipe em nossa vida profissional. Você pode achar que é o "cavaleiro solitário" ou uma exceção a essa regra, mas não é. Como escrevo, pareceria a muitos que ser autor é tarefa de uma pessoa. Na verdade, estou ditando essas palavras a uma pessoa muito talentosa que então, depois de verificar a pontuação e problemas gramaticais que eu criei, vai enviar o texto para jornais, revistas e publicações em todo o mundo.

Em cada um desses lugares, há outras pessoas para garantir que o material seja diagramado, impresso, transformado em arquivos eletrônicos apropriados, etc. No sentido profissional, nenhum homem ou mulher é uma ilha. Mesmo que trabalhe sozinho em sua casa, você tem vendedores, fornecedores, contratados, bem como compradores e clientes.

Cada pessoa em sua equipe deve ter um bom desempenho a fim de alcançar o seu potencial. Há vários elementos para ter um bom desempenho como parte de uma equipe.

1. Todos os membros da equipe devem entender seu papel e como ele se encaixa na figura completa. Devem estar cientes de expectativas e prazos como parte do projeto ou objetivo na íntegra.
2. Cada pessoa deve entender seu próprio sucesso como parte do sucesso corporativo da equipe. Um jogador de futebol pode

ter um desempenho impecável, mas sem os esforços coordenados do time, sofrerá fracasso e derrota.
3. Todos os integrantes da equipe devem sentir que sua criatividade é apreciada e seu conhecimento, valorizado. Não pode haver melhor opinião ao realizar uma tarefa do que aquela que vem da pessoa que constantemente faz aquela simples tarefa.
4. Cada membro da equipe deve compartilhar da vitória e da experiência da derrota. Não pode haver sucesso individual a menos que a equipe seja bem-sucedida. Cada pedaço da torta deve ser valorizado.

Hoje, ao longo do seu dia, pense em todas as pessoas de sua equipe que você possa ter negligenciado no passado. Perceba que você só é tão bom quanto elas o fazem. Entenda que a maioria das pessoas quer estar em uma equipe vencedora e ser parte de algo maior do que elas. Dê-lhes um lugar para se adaptarem e uma estrutura em que se sintam seguras e apreciadas, e elas farão de você um *superstar*.

Hoje é o dia!

Três Chaves para a Venda

Em nossa sociedade, há relativamente poucas pessoas que classificariam sua profissão como vendedor; no entanto, todos nós somos bem-sucedidos ou falhamos em nossa habilidade de vender. Embora não ganhemos a vida vendendo mercadorias ou serviços ao público em geral, cada um de nós tem que vender ideias, conceitos, habilidades ou a nossa própria imagem em situações pessoais ou profissionais. Uma entrevista de emprego é pouco mais que uma apresentação de venda. Você é seu próprio produto.

Se você vai ao trabalho todos os dias e dá explicações aos interessados para vender suas mercadorias e serviços, oportunidade é você ganhar a vida com base em uma campanha de vendas bem-sucedida. Citando um velho ditado, "Ninguém ganha dinheiro até que alguém venda alguma coisa". Pode haver centenas ou até milhares de pessoas apoiando aquela venda, mas o vendedor está na linha de frente, gerando o negócio. É um pouco parecido com Neil Armstrong pisando na superfície da lua. Embora ele estivesse dando aquele passo, havia literalmente milhares de pessoas que fizeram sua parte para que aquele fato acontecesse e para dar apoio aos esforços dele.

Vender é a profissão mais bem paga do mundo, e como todos nós ganhamos a vida diretamente como vendedores ou indiretamente dando apoio a outros que são vendedores, é importante entendermos a dinâmica. Há três elementos fundamentais que devem estar presentes a fim de promover uma venda que beneficie ambas as par-

tes, ou seja, uma venda em que a troca de valores é justa e honesta. Para que isso aconteça, você deve identificar e transmitir o seguinte:
1. *Interesse.* A outra parte deve ter ou desenvolver um interesse por seu produto ou serviço com base na sua apresentação. Esta pode ser tão simples como um comercial de trinta segundos ou tão complexa quanto uma grande campanha de marketing e vendas.
2. *Necessidade.* Os interessados devem perceber que precisam de seus produtos ou serviços mais do que precisam do dinheiro que será gasto. A percepção da necessidade é mais importante aqui do que a necessidade real. Em nossa sociedade, poucas de nossas compras são necessidades. São simplesmente coisas que achamos que vão melhorar nossa vida e imagem.
3. *Recursos.* Os interessados devem ter os recursos para fazer a compra que você deseja. Não importa quão interessados eles estejam ou quanto precisem do que você tem para vender, a menos que eles tenham o valor necessário, você está desperdiçando o seu tempo e o deles.

Se você está no mundo do comércio, tenha orgulho do que faz e comprometa-se a ter um bom desempenho. Se você não está diretamente envolvido em vendas no dia-a-dia, encontre as pessoas em sua empresa que estão, apóie seus esforços e encoraje-as ao sucesso. Quando a equipe de vendas é bem-sucedida, todos nós somos.

Hoje é o dia!

Treinamento

Já ouvimos milhares de vezes que a prática leva à perfeição. Tanto o significado quanto a pessoa que lhe disse isso estão errados. A prática não leva à perfeição. Leva à consistência. A prática perfeita leva à perfeição. A medíocre leva à mediocridade. Uma das coisas que mais falta no ambiente de negócios profissional hoje é o treinamento. O que chamam de treinamento é, com mais frequência, uma transferência parcial de informação que rapidamente deixa a nova pessoa sobrecarregada.

Acredito que a indústria de serviços alimentícios faz um trabalho de treinamento melhor do que muitos outros setores. Quantas vezes você já chegou a um restaurante e foi atendido por dois garçons ou garçonetes? Então, imediatamente, eles lhe informaram que um está treinando o outro, ou a pessoa nova está "se espelhando" na mais experiente. A administração na indústria de serviços alimentícios entende que nada fornece mais treinamento do que a experiência prática em situações da vida real.

Alguns dos técnicos esportivos mais bem-sucedidos também entendem dessa forma. Eles tentarão fazer o possível para simular condições de jogo. Tentam treinar no mesmo horário que será a partida, e muitas vezes reproduzem o barulho de uma multidão gravado em um volume que pode ser esperado no jogo real. Eles entendem que é muito diferente realizar um bom jogo em um campo silencioso, conhecido e por brincadeira. É outra coisa ter um bom desempenho sob condições barulhentas, confusas e pouco conhecidas. Nada substitui a experiência no mundo real.

Se você está aprendendo uma nova habilidade ou profissão, tente encontrar condições realistas e transforme-as em experiências de aprendizagem. Se você é responsável pelo treinamento de outros, crie simulações de modo que as pessoas possam aprender suas novas habilidades sem correr o risco do desempenho insatisfatório. Voltemos aos nossos amigos da indústria de serviços alimentícios. Uma coisa é ter um novo garçom ou garçonete servindo um importante cliente com um funcionário experiente ao seu lado para observar e interferir, se necessário. Outra coisa é arriscar um importante cliente com alguém que tem apenas um manual para ler e aprender.

Hoje, ao longo do seu dia, descubra experiências seguras e realistas para aprender com elas e ensinar outros ao seu redor a ter o melhor desempenho possível.

Hoje é o dia!

A Crise de Credibilidade

Vivemos em um mundo que em poucas décadas passou de "a palavra de uma pessoa é seu fiador" para "você não pode acreditar em nada que ouve". Ao longo de um dia em meu escritório, por e-mail, fax e telefonemas não solicitados, vão me informar que fui selecionado para uma viagem à Disney com tudo incluso por apenas 99 dólares; posso ganhar 10 milhões de dólares; se encomendar produtos de informática, vou ganhar um computador grátis; um vendedor que me parar por não mais que dez minutos para me dar um brinde; e várias outras ofertas duvidosas. Chegou a um ponto em que, mentalmente, tudo que nos dizem é descontado e diluído de modo que se torna quase sem sentido.

É irônico que enquanto tento ditar o texto dessa coluna, fui interrompido por um telefonema que atendi a contragosto porque uma mulher insolente insistiu que era a respeito de um cartão de crédito roubado ou perdido. Minha assistente transferiu a ligação para mim; porém, na verdade, a mulher estava tentando "vender" um pacote de proteção para cartões de crédito, que, segundo ela, me protegeria caso meu cartão de crédito fosse roubado ou perdido.

Se você não acredita nas pessoas durante a apresentação ou encontro inicial, por que desejaria ter um relacionamento pessoal ou profissional com elas? Como você poderia acreditar em qualquer coisa que lhes dissessem? O que mais aconteceu para baratear o valor e aumentar a propaganda?

Hoje É o Dia

Um de meus mentores me disse, quando eu estava na faixa dos vinte anos, que a chave para o sucesso nos negócios é sempre fazer o que você diz que vai fazer. Primeiro, isso lhe dará uma reputação de honestidade e integridade. Segundo, e talvez mais importante, se você sabe que vai ter que ir até o fim em tudo que fala, será muito mais cuidadoso e cauteloso com suas promessas.

Como todos nós sabemos, se algo parece bom demais para ser verdade, provavelmente é. Existem pessoas pedindo que lhes dê seu dinheiro, seu apoio e seus votos. Essas pessoas querem que confiemos nelas para nos levarem a um futuro de problemas, e dizem-nos com um semblante impassível que vão diminuir taxas, cortar despesas e aumentar serviços e benefícios para todo o mundo.

Hoje, ao longo do seu dia, procure pessoas que fazem o que dizem que vão fazer. Aceite-as em seu grupo, e esqueça-se dos demais. Você terá um dia maravilhoso e uma vida maravilhosa.

Hoje é o dia!

Um Piscar de Olhos

Em termos humanos, um século parece uma eternidade, mas em termos históricos é pouco mais que um piscar de olhos. Uma antiga bênção de pai para filho diz: "Que você viva tempos interessantes". Prezado leitor, você e eu vivemos, de fato, em tempos interessantes. Vamos voltar o calendário para 1904, em um piscar de olhos histórico. Leve em consideração que hoje existem pessoas vivas e saudáveis que já tinham nascido em 1904. Pessoas com mais de 100 anos de idade são o segmento de nossa sociedade que cresce mais rápido.

Em 1904, somente 14% dos lares nos Estados Unidos tinham uma banheira. Apenas 8% tinham telefone. Um telefonema de Denver para Nova York custava 11 dólares. Havia apenas 8 mil carros nos Estados Unidos e só 230 quilômetros de rodovias pavimentadas. O limite máximo permitido na maioria das cidades era 16 quilômetros por hora. Alabama, Mississipi, Iowa e Tennessee ficavam cada vez mais populosos do que a Califórnia. Com o mero número de 1,4 milhões de habitantes, a Califórnia era apenas o vigésimo primeiro Estado norte-americano mais populoso. A estrutura mais alta do mundo era a Torre Eiffel.

A média salarial nos Estados Unidos era 22 centavos por hora. Um trabalhador americano comum recebia entre 200 e 400 dólares por ano. Um contador competente poderia esperar receber 2 mil dólares por ano; um dentista, 2.500 dólares por ano; um veterinário, entre 1.500 e 4.000 dólares por ano; e um engenheiro mecânico, cerca de 5 mil dólares por ano. Mais de 95% dos partos eram feitos em casa. Noventa por cento dos médicos norte-americanos não tinham curso superior. Em vez disso, eles frequentavam escolas de medicina, e muitas foram condenadas pela imprensa e pelo governo como abaixo do padrão. A expectativa de vida média era 47 anos. O quilo do açúcar custava pouco mais de 8 centavos. A dúzia de ovos, 14 centavos. O quilo do café custava pouco cerca de 30 centavos. A maioria das mulheres só lavava o cabelo uma vez por mês, usando bórax e gema de ovo como shampoo. O Canadá decretou uma lei proibindo qualquer pessoa pobre de entrar no país, por qualquer motivo. As cinco principais causas de morte nos Estados Unidos eram pneumonia e gripe, tuberculose, diarreia, problemas cardíacos e derrame.

A bandeira americana tinha quarenta e cinco estrelas. Arizona, Oklahoma, Novo México, Havaí e Alasca ainda não haviam sido aceitos na União. A população de Las Vegas, Nevada, era trinta. Palavras cruzadas, bebida enlatada e chá gelado ainda não tinham sido inventados. Dia das Mães e Dia dos Pais não eram comemorados. Dois de cada dez americanos adultos não sabiam ler ou escrever. Apenas 6% de todos os americanos concluíam o Ensino Médio. Maconha, heroína e morfina estavam disponíveis no balcão de qualquer farmácia. Segundo um farmacêutico, "heroína faz bem para a pele, esclarece as ideias, regula o estômago e o intestino, e é, de fato, uma perfeita guardiã para a saúde". Em 18% das casas nos Estados Unidos havia pelo menos um criado de tempo integral ou empregada doméstica. Apenas 230 assassinatos foram registrados em todo o país.

Que diferença um século faz. Hoje, ao longo do seu dia, pense em coisas que você pode fazer com sua vida que resultarão em diferença no mundo daqui a um século.

Hoje é o dia!

Contratando e Demitindo a si Próprio

Um dos aspectos mais proeminentes daquilo que chamamos de grande sonho americano é a ideia de trabalhar por conta própria. Controlar seu futuro tem um encantamento como outras poucas ideias. Na verdade, todos nós que estamos empregados, em uma grande proporção, trabalhamos para nós mesmos.

Você pode ter um emprego no meio de um fluxograma em uma gigantesca organização ou estrutura governamental, mas, em essência, ainda trabalha para si mesmo. Ganhar dinheiro é o indicador-chave de seu sucesso quando trabalha por conta própria. À medida que seu valor aumenta, seu pagamento deve aumentar. Você pode se dar um aumento simplesmente continuando a aumentar seu valor além do ponto em que é pago. Somente pessoas que trabalham na casa da moeda fazem dinheiro. O restante das pessoas ganha dinheiro. Isso é simplesmente uma função de criar mais valor do que você é pago. No fim, seu pagamento alcançará seu valor.

A oferta e procura é tal que se você está em uma empresa que não aprecia, reconhece ou recompensa seu valor, outra empresa vai procurá-lo se continuar a se valorizar. Uma pessoa sábia disse-me certa vez que ninguém é demitido. As pessoas se demitem. Embora eu entenda a realidade de declínios econômicos e demissões, essa afirmativa ainda é verdade no sentido de que as pessoas que geram o maior valor parecem ter sempre emprego em uma área empolgante, crescente, em que são adequadamente compensadas.

Olhe para si mesmo e para seu emprego como uma empresa de uma só pessoa. O que você pode fazer para ser mais eficiente e aumentar sua contribuição para a grande empresa? Pessoas são recompensadas por resolverem problemas. E são ainda mais recompensadas por anteciparem problemas e enfrentá-los antes que ocorram.

Hoje, ao longo do seu dia, avalie o valor de sua empresa de uma só pessoa à luz de quanto você é pago. Procure maneiras de aumentar seu valor e contribuições singulares que faz para todos em sua empresa. Esse nível de compromisso pessoal é contagioso. Uma vez que comece a aumentar o seu valor, aqueles ao seu redor seguirão o exemplo. Quando essa maré de sucesso subir, todos os barcos serão elevados — incluindo o seu.

Hoje é o dia!

Medo e Respeito

É irônico que as pessoas que mais precisam receber uma mensagem com frequência são aquelas menos aptas a ouvi-la. Frequentemente, somos bons juízes do caráter dos outros, mas não do nosso. Infelizmente, vemos todo o mundo à luz de seus resultados, mas nos vemos com base em nossas boas intenções. Se puder encontrar algumas pessoas em sua vida pessoal e profissional que sejam honestas com você acerca de seu desempenho, você é, de fato, afortunado. As pessoas mais valiosas em qualquer equipe são aquelas que serão francas e honestas com o líder.

Existem dois tipos básicos de líderes — aqueles que lideram pelo medo e aqueles que lideram pelo respeito. Em curto prazo, ambos os métodos parecerão funcionar; no entanto, o único incentivo de longo prazo que impulsionará uma equipe à excelência é o respeito. Provavelmente você já ouviu acerca do antigo cartaz que foi fixado em um local de trabalho para que os funcionários o vissem diariamente. "As demissões vão continuar até que a disposição aumente." Embora isso gere uma intensa atividade, não aumentará a produtividade. Na verdade, o medo é o menos eficaz motivador humano em longo prazo.

Pessoas que temem por seus empregos ou carreiras farão o mínimo que puderem para se sobressair na multidão. Se você liderar pelo medo, pode conseguir o que pediu, mas não a disposição que precisa. A fim de conquistar a honestidade, a criatividade e o máximo esforço de sua equipe, você deve liderar pelo respeito. A única forma de conseguir que os membros de sua equipe o respeitem é demonstrar diariamente que você os respeita.

No momento em que você é forçado a lidar com alguém em sua vida pessoal ou profissional no contexto do medo, já perdeu a batalha e está prestes a perder a guerra. Muitas pessoas em uma equipe querem ter um desempenho de alto nível. Elas sentem a pressão do grupo ao seu redor e a força viva que aquele trabalho de equipe propicia. Ameaças de demissão ou qualquer outra forma de disciplinar, exceto em casos extremos, roubam essa força viva positiva e deixam a equipe confusa e temerosa.

Pessoas que estão com medo desistem de pensar em seus objetivos e começam a pensar nas consequências. Há uma grande diferença entre ser bem-sucedido e não falhar. Pessoas que desejam o sucesso darão as mãos a todos na equipe e multiplicarão seus esforços. Em uma boa equipe, um mais um é igual a três. Em uma equipe cheia de medo, um mais um é igual a um e meio. As pessoas apontarão o dedo e culparão umas as outras em vez de resolver os problemas e alcançar o objetivo.

Você provavelmente viu um time de basquete com uma vantagem de vinte pontos tentando segurar a bola até o jogo acabar. Essa estratégia com frequência falha, porque times são formados para o sucesso e a vitória, não para segurar a bola como uma tentativa de não perder. Hoje, ao longo do seu dia, respeite as pessoas ao seu redor, e você encontrará uma equipe digna de qualquer tarefa diante de você.

Hoje é o dia!

O Legado de Churchill

Muitos de nós que são bem-aventurados por viverem em uma sociedade livre quando entramos no século XXI têm uma grande dívida para com várias pessoas que nos conduziram pela primeira metade do século passado. Dentre essas pessoas com quem temos uma dívida certamente está Winston Churchill. Ele liderou com suas palavras, atos e — mais o importante — com seu caráter. O simples poder de sua presença encorajava os aliados a lutar pela liberdade em todo o mundo. Ele pode estar entre as pessoas mais citadas na história registrada.

Acredito que Churchill teria sido considerado grande se tivesse vivido em outra época no passado; no entanto, como foi afirmado por um de meus escritores favoritos, Louis L'Amour: "Uma pessoa só pode ser julgada com base no pano de fundo da época e do lugar em que viveu". Churchill foi uma força decisiva, poderosa, no período da história em que uma pessoa decidida, poderosa, era o mais necessário. Ele possuía o dom de ter alguma coisa importante para dizer, e o mais importante, tinha o dom de ser capaz de dizer isso de modo que outras pessoas pudessem internalizar.

Em uma de minhas citações favoritas de Churchill, ele nos faz refletir: "O sucesso não é o final. O fracasso não é fatal. É a coragem que conta". Nesse pensamento, Churchill nos lembra que nosso sucesso ou fracasso é simplesmente o que fazemos ou fizemos, mas nosso caráter é quem nós somos. Com frequência, aqueles que têm vivido o sucesso temporário param de progredir porque veem esse breve sucesso como um destino em vez de um trampolim para coisas maiores. Também é comum aqueles que sofreram uma adversidade temporária verem isso como uma prisão perpétua na qual têm que viver. Na verdade, o lugar em que estamos na maioria das vezes é irrelevante se temos uma firme compreensão de para onde estamos indo e como vamos chegar lá.

Churchill entendeu que as manchetes de hoje são as lembranças de amanhã. Sempre temos a oportunidade de construir sobre nosso sucesso ou fracasso. Não somos nossos desempenhos. Somos nosso caráter. Se você mantiver o foco em tornar-se a pessoa que deseja ser, o sucesso e o fracasso cuidarão deles mesmos. Grandes pessoas sempre farão grandes coisas.

Hoje é o dia!

Compre Barato, Venda mais Caro

O único conselho significativo que você já ouviu sobre investimento diz: "Compre barato, venda mais caro". Os milhares de livros escritos sobre investir baseiam-se em um número de teorias de como fazer isso; porém, no fim das contas, o objetivo ainda é comprar barato e vender mais caro. Se é tão simples, por que tantas pessoas fracassam em investimentos e na vida? Elas não falham porque não sabem o que fazer. Elas falham porque não fazem o que sabem.

Muitas pessoas fazem seus investimentos e se comprometem a mantê-los por determinado número de anos; mas então elas abrem o jornal ou assistem às notícias na televisão informando que o mercado vai mal, e entram em pânico. Elas acabam comprando caro e vendendo barato, embora conhecessem melhor. Quando investiram, elas sabiam intelectualmente que haveria tempos em que o mercado estaria em alta bem como períodos em que estaria em baixa.

A única sabedoria de longo prazo é confiar no fato de que após algum tempo o mercado sempre volta a melhorar. É como se estivéssemos olhando um menino subir as escadas enquanto brinca com um ioiô. Se você mantiver os olhos no ioiô, ele estará se movendo para cima e para baixo, causando-lhe pânico. Se você simplesmente observar o garoto, ficará calmo e, por fim, será bem-sucedido. Sucesso nos investimentos e na vida depende de persistir em seu plano apesar das circunstâncias atuais.

Recentemente, ouvi falar de um empregador que contratou um candidato qualificado, ativo. Pouco depois de o novo funcionário começar a trabalhar, cometeu um grande erro, que causou ao empregador um prejuízo de milhões de dólares. O novo funcionário, nervoso, perguntou ao patrão: "Vou ser demitido?" O patrão sabiamente respondeu: "Não, não vou demiti-lo. Eu contratei o melhor candidato e, além disso, acabei de investir milhares de dólares em sua educação".

Continue com seus melhores planos que o levam rumo aos seus melhores objetivos e metas. Os melhores planos e estratégias ocasionalmente parecem maus em curto prazo, mas são bem-sucedidos em longo prazo. Permaneça firme ao longo dos tempos difíceis, e você terá lucro em seus investimentos, em sua carreira e em sua vida.

Hoje é o dia!

Mentalidade Milionária

Há um antigo ditado que afirma: "Milionários são diferentes do resto de nós". Isso não é verdade. Milionários são como qualquer outra pessoa, sem exceção. Eles pensam diferente. Têm uma perspectiva singular acerca de negócios, dinheiro e sucesso que faz deles milionários. Eles não têm essa perspectiva singular porque são ricos. Eles são ricos porque têm essa perspectiva singular.

A chave para a riqueza não é dinheiro, mas conhecimento. Se você pegasse todo o dinheiro do mundo e dividisse igualmente entre todas as pessoas, em poucos anos os milionários anteriores estariam ricos de novo. Se você quiser ser um milionário, deve começar a pensar como um milionário das seguintes maneiras:

1. Milionários entendem que as pessoas não fazem dinheiro, a menos que trabalhem na Casa da Moeda. Todos têm de ganhar dinheiro.
2. Milionários entendem que, em geral, não há como ficar rico rapidamente. Procure soluções "panela de barro", não soluções "micro-ondas".
3. Milionários aprendem, em todos os níveis, como viver com menos do que ganham, de modo que seu dinheiro possa começar a servi-los, em vez de eles servirem ao dinheiro.
4. Milionários entendem a diferença entre custo e valor. Essa é uma mentalidade anticonsumista. Milionários querem saber que ao trocar dinheiro por coisas, essas coisas conservarão seus valores.

5. Milionários buscam conselhos dos melhores profissionais disponíveis e de mentores de milionários. Só recebem orientações de pessoas que têm o que eles querem.
6. Milionários fazem as coisas do seu jeito e buscam seus próprios interesses e objetivos. Eles realmente não se importam com quem está ou não impressionado com eles.
7. Milionários entendem o que o dinheiro fará e o que o dinheiro não fará. Dinheiro pode comprar coisas, segurança ou recordações, mas não lhe fará feliz.
8. Milionários entendem a equação entre tempo e dinheiro. Dinheiro está em estoque abundante no mercado. Tempo nunca pode ser reposto; portanto, milionários movimentarão quantias razoáveis de dinheiro para poupar seu tempo.
9. Milionários são, em geral, feitos por si mesmos. Mais de 80% dos milionários são a primeira geração. Eles geralmente querem que seus herdeiros tenham as mesmas experiências que tiveram batalhando para obter e gerar riquezas.
10. Milionários usam seu dinheiro e divertem-se com as pessoas, ao contrário daqueles que tentam usar as pessoas e divertir-se com o dinheiro. Dinheiro pode ser substituído; pessoas não.

Hoje, ao longo do seu dia, comece a pensar como um milionário, e então você começará a agir como um milionário. Antes que perceba, você será um milionário.

Hoje é o dia!

Guarde para si Mesmo

Todos nós temos problemas, desafios, ansiedades e medos com os quais lidamos em nossa vida pessoal e profissional. Isso já é esperado. Uma das grandes questões sobre como lidar com nossos desafios é: Para quem contar? A respeito de compartilhar problemas, as pessoas parecem cair em uma de duas categorias extremas. Há pessoas que querem partilhar todos os problemas sobre tudo com todos que encontram, e no outro extremo há pessoas que silenciosamente enfrentam tudo sozinhas e não partilham nada com ninguém. Invariavelmente, ambos os extremos levam ao fracasso pessoal e profissional.

Aqueles que possuem a tendência de contar tudo a todos subestimam sua própria credibilidade. Elas querem dizer a todos: "O céu está caindo", então se tornam como um alarme falso. Você perceberá que fazer um pronunciamento público de todos os desafios e problemas em sua vida o diminui. Tornamo-nos conhecidos por aqueles ao nosso redor com base em como lidamos com desafios e problemas imediatos. Por outro lado, decide não contar a ninguém e seguir sozinho, você exclui todas as fontes em potencial de conselho, apoio e encorajamento. Quando você realmente tem desafios sérios, há muitas pessoas ao seu redor que desejam ser parte de sua solução.

Antes de partilhar com outros seus problemas, medos, preocupações e desafios pessoais ou profissionais, talvez você queira primeiro responder às seguintes questões:

1. Isso é um problema real ou é simplesmente um contratempo secundário que faz parte de sua vida?
2. Estou contando a essa pessoa por uma razão produtiva, construtiva, ou estou apenas espalhando miséria?
3. Essa pessoa poderia trazer conselho, apoio ou encorajamento em minha situação?
4. Tenho todos os fatos ou estou reagindo prematuramente?

Se puder responder a cada uma dessas questões de modo favorável, provavelmente você tem um grande interesse de contar com um grupo de amigos confiáveis e sinceros para confidenciar seus problemas ou desafios. Por outro lado, se você não conseguiu responder favoravelmente a todas essas questões, é provável que seria melhor guardar isso para si mesmo. Não há nada mais poderoso do que partilhar um fardo com alguém que se importa, está disposto e é capaz de ajudar. E existem poucas coisas tão destrutivas quanto partilhar suas dúvidas e medos com alguém que não se importa ou não está em uma posição que faça a diferença.

Hoje, ao longo do seu dia, decida administrar seus problemas e desafios sem deixar que eles o controlem.

Hoje é o dia!

Cinco Erros que os Empresários Cometem

Parte do grande sonho americano para muitas pessoas é ter seu próprio negócio. Com frequência, eu sou questionado: "O que as pessoas devem fazer para se tornarem empresários bem-sucedidos?" A resposta é quase um desafio, porque tenho visto pessoas começarem negócios bem-sucedidos e prosseguirem assim fazendo coisas que você pode imaginar e coisas que não pode imaginar.

Logo, como quase sempre acontece, a melhor maneira de responder a essa questão e o melhor caminho para o sucesso é simplesmente evitar o fracasso. Empresários falham por uma série de razões, e se esses erros puderem ser evitados, o sucesso passa de possível para provável e torna-se plausível. Aqui estão cinco princípios que podem ajudar a quem pretende ser empresário a evitar o fracasso.

1. Empresários devem examinar os três "Ts" — tempo, temperamento e talento. Você deve avaliar-se honestamente ou, melhor ainda, ter amigos e familiares que o conheçam melhor do que você. Que trabalham 60 horas semanais, lideram uma equipe da Liga Infantil de Futebol e fazem parte da Associação de Pais e Mestres, mas acham que têm *tempo* suficiente para começar um novo negócio. Como muitos empreendimentos já foram iniciados, você deve ser realista acerca de quanto tempo terá que investir. Segundo, é difícil avaliar nosso próprio *temperamento*, porque em nossa mente sempre agimos lógica e racionalmente. Você deve perguntar a pessoas com quem

trabalha se realmente tem o temperamento para estar nos negócios sozinho. O terceiro "T" é *talento*. É muito fácil subestimar o talento necessário para dar origem a um novo empreendimento, porque pessoas talentosas, por natureza, fazem tudo parecer fácil. Michael Jordan e Tiger Woods parecem não fazer esforço quando estão no auge. Mas não subestime o nível de talento deles.

2. Encontre seu lugar no mercado. A chave para o empreendedorismo é descobrir uma necessidade e supri-la. Você deve avaliar se existe uma procura pelo seu produto ou serviço. Você pode gostar muito de *waffles* com gotas de chocolate ou pãozinho de tofu, mas o mundo está preparado para esses novos produtos?

3. Certifique-se de ter capital suficiente. O pecado capital na administração de um negócio é quando o dinheiro acaba. Dinheiro facilita o caminho diante de você e ajuda-o a superar problemas. Se você não tem capital suficiente, terá que fazer tudo perfeitamente na primeira vez. Isso simplesmente não funciona.

4. Saia da mentalidade corporativa. Muitos pretendentes a empresários vêm de médias empresas. Eles tiveram grandes vantagens graças aos recursos de seus patrões. No mundo corporativo, seu assistente pode ter um assistente, mas no mundo do empreendedorismo, esteja pronto para agir sozinho.

5. Não subestime a quantidade de trabalho e paixão necessária. Começar um novo negócio pode ser a tarefa mais dura, difícil e recompensadora que você fará. Muitos sacrifícios terão de ser feitos — em particular no início. Se você não tiver paixão por seu novo empreendimento, ou se subestimar totalmente o trabalho necessário, você nunca conseguirá alcançar o objetivo.

Cinco Erros que os Empresários Cometem

Se você puder evitar essas ciladas e tiver um produto, serviço ou ideia que o mercado deseje, eu o incentivo a começar agora e, simplesmente, nunca desistir.

Hoje é o dia!

Quadro Geral *versus* Detalhes

Em qualquer empreendimento ou iniciativa, você precisa de dois padrões de pensamento separados e distintos. Você deve considerar o quadro geral e deve considerar os detalhes. Muitos pensadores estilo "quadro geral" não entendem a importância dos detalhes, e muitos meticulosos pensadores estilo "detalhes" falham em entender a natureza vital do quadro geral. Sem detalhes e conclusão, um quadro geral ou ideia é simplesmente uma fantasia. Ele nunca será trazido à realidade sem atenção a tarefas específicas, prazos e conclusão. Por outro lado, atenção projetada a um detalhe irá a lugar nenhum sem a direção fornecida pela visão do quadro geral. Isso é como um carro bem ajustado que segue meticulosamente sem um mapa ou destino.

Um de meus amigos mais estimados, Dr. Robert Schuller, com frequência diz: "Nunca misture 'como você vai fazer isso' com a fase 'o que você vai fazer'". O Dr. Schuller quer dizer que você nunca deve limitar seu objetivo ou planejamento no entendimento atual do que é possível. Se você limitar seu destino ao seu conhecimento atual, provavelmente nunca construirá uma Catedral de Cristal como o Dr. Schuller fez. Por outro lado, nem mesmo alguém como o Dr. Schuller, que é um dos maiores pensadores do quadro geral que conheço, jamais começaria a construir uma Catedral de Cristal ou mesmo finalizar planos para tal empreendimento sem arquitetos, engenheiros e pessoas detalhistas que podem direcionar o projeto.

Hoje É o Dia

Com frequência, as duas escolas de pensamento parecem estranhas. Pensadores do quadro geral veem oportunidades e possibilidades no futuro e nem sempre consideram os aspectos práticos do empreendimento. Pensadores detalhistas identificam, muitas vezes, todos os problemas e obstáculos sem considerar o valor do objetivo. Somente quando os dois sistemas de pensamento se juntam é que você pode, segura e efetivamente, alcançar seu potencial máximo.

Sou grato por trabalhar em um ambiente em que tenho liberdade de expressar pensamentos e ideias grandiosos e às vezes estranhos. Também sou grato por trabalhar em um ambiente em que estou cercado pelas melhores pessoas de pensamento detalhes que já conheci. Sempre desejo me certificar de que eles podem cumprir aquilo que prometo.

Hoje, ao longo do seu dia, considere cada oportunidade tanto da perspectiva do quadro geral quanto da perspectiva detalhes ou encontre alguém em seu mundo que trará o elemento que falta no processo de planejamento ou de implementação. Quando fizer isso, você definitivamente descobrirá que duas cabeças pensam melhor do que uma.

Hoje é o dia!

Fazendo o que Você Sabe

Sou um grande defensor da educação contínua e do desenvolvimento pessoal. Como autor de vários livros e centenas de artigos, e como bem-sucedido palestrante em diversas áreas e eventos, acredito que é possível aprender de tudo; porém, quando tudo está dito e feito, infelizmente há muito mais a ser dito do que feito. Quando falhamos nos negócios ou na vida, não falhamos porque não sabemos o que fazer; falhamos porque não fazemos o que sabemos.

De tempos em tempos, é bom fazer um check-up dos mais básicos princípios de sucessos nos negócios que todos nós sabemos e poucos aplicam de modo regular. Considere o seguinte:
1. Você atende o telefone de maneira educada e profissional, identificando-se de modo compreensível?
2. Você prontamente, e de modo profissional, corresponde e comunica-se com seus clientes e possíveis clientes?
3. Você agradece aos seus clientes pelo negócio que eles têm lhe possibilitado manter até aqui?
4. Você expressa consideração e gratidão aos empregados, colaboradores e colegas que tornam seu sucesso possível?
5. Você constantemente lê livros sobre negócios, artigos sobre sucesso e participa de apresentação de indústrias que lhe manterão preparado para o sucesso?
6. Você reserva tempo regularmente para planejamento de médio e longo prazo ou está sempre tentando resolver os problemas de hoje?

7. Você se cerca dos melhores auditores, advogados, planejadores financeiros, técnicos de informática e outras pessoas que irão ajudá-lo a construir seu sucesso?
8. Você tem programado seu tempo para lazer, família e outras atividades a fim de ter uma vida equilibrada e uma atitude renovada?
9. Você constantemente estabelece novos objetivos para si mesmo e para as outras pessoas em sua empresa a fim de que sempre haja um desafio diante de todos?
10. Você dá retorno a sua comunidade, sua indústria e àqueles que possam precisar de ajuda? Você não chegou lá sozinho. Eles também não chegarão.

Estas são dez ideias simples que qualquer estudante elementar da escola de negócios entenderia prontamente. Não há nada revolucionário ou que abale a Terra entre esses pensamentos, mas se forem aplicados de modo regular, essas coisas que você já sabe se tornarão um marco em sua indústria e um sucesso muito além do seu sonho mais extraordinário.

Hoje, ao longo do seu dia, continue a obter novos conhecimentos, mas não se esqueça de praticar as coisas que você já sabe.

Hoje é o dia!

O Conceito de Contrato

Muito tempo, esforço, energia e dinheiro são gastos criando, organizando, mudando, executando e disputando contratos. Para melhorar ou para piorar, contratos e os problemas legais que os cercam tornaram-se uma parte permanente de nossas vidas. Você pode ter ouvido falar que um contrato não vale o papel em que está escrito. Em alguns casos, isso pode ser verdade, e em outros casos, um contrato pode valer muito mais a pena do que seu peso em ouro. Em um mundo perfeito, prefiro considerar um contrato como um instrumento de memória entre duas partes honestas.

Considerando o passo com que conduzimos os negócios no século XXI, é difícil se lembrar do que você fez essa manhã, quanto mais lembrar-se dos termos e condições que aceitou meses e até anos atrás. Um contrato elaborado e executado apropriadamente pode levar ambas as partes de volta ao tempo e lugar de um acordo. De modo ideal, um contrato deve tratar de todas as eventualidades e refletir totalmente as intenções de ambas as partes.

A fim de que as duas partes mantenham o contrato, deve haver dois elementos presentes em cada lado do acordo. Esses dois elementos são disposição e habilidade. Você pode ter feito um contrato de acordo mútuo com uma firma em New Orleans para que lhe entregasse determinados produtos ou serviços. Essa empresa pode ter tido a melhor das intenções e total disposição para cumprir o contrato, mas então veio o furacão Katrina, e eles simplesmente ficaram incapacitados de manter o acordo. Seja por fenômenos naturais, reveses financeiros, seja por elementos externos, a habilidade de ter um desempenho segundo um contrato pode ser gravemente afetada. Por meio de seguros e outros meios, a porção de risco geralmente pode ser controlada e protegida com um contrato bem escrito.

A disposição de uma parte de ser honesta e agir de acordo com um contrato é um elemento muito mais difícil e trabalhoso do acordo. Se entendermos que um contrato é um instrumento de memória entre duas partes honestas, o documento torna-se sem valor se uma das partes lembrar-se do compromisso, mas simplesmente não estiver disposta a agir de acordo com ele. Nesse caso, de fato, o contrato "não vale o papel em que está escrito".

Se todos tivessem uma memória perfeita e fossem totalmente honestos, um simples aperto de mão seria mais do que suficiente para toda transação. Por outro lado, se você está lidando com partes desonestas, um contrato incontestável do tamanho de uma lista telefônica pode não protegê-lo, ou, se protegê-lo, o custo legal para manter sua posição pode simplesmente ser mais alto do que o valor do contrato.

Hoje, ao longo do seu dia, empenhe-se para ter contratos sólidos, porém, mais importante do que isso, certifique-se de estar lidando com pessoas sólidas.

Hoje é o dia!

O Custo dos Empregados

Se você é responsável por uma empresa ou por uma equipe dentro da empresa, é fundamental entender o verdadeiro custo e valor dos empregados. O custo de um funcionário, como qualquer dono de negócio lhe dirá, vai além do salário. Impostos, benefícios, planos de seguro, licença médica, férias e muitos outros elementos entram nessa equação. Um bom funcionário vale seu peso em ouro, e um mau funcionário é um buraco negro que suga esforço e energia de seu universo.

Se você é responsável por pessoas, você é como um bom técnico. Você tem as pessoas certas no lugar certo e na hora certa fazendo a coisa certa pela razão certa. Se esses elementos não estiverem alinhados de modo correto, sua eficácia como líder e a eficiência de sua equipe caem geometricamente. Se você tem a pessoa errada fazendo a coisa errada, sua relação entre custo e recompensa pode estar totalmente fora de proporção.

Michael Jordan, enquanto jogava basquete, provavelmente estava entre os empregados de mais custo efetivo que qualquer empresa poderia ter. Jordan atraía tanto rendimento para sua empresa que enquanto estava na quadra de basquete influenciava seu time e toda a Liga. No entanto, se você pegasse Michael Jordan em seu auge e o movesse da quadra de basquete para um estande no estádio, ele talvez nunca chegasse a valer nem uma fração do seu salário para a organização.

Muitas empresas têm uma declaração de missão. O propósito dessa declaração é refletir os objetivos e metas da organização. Muitas vezes, essas declarações de missão foram criadas por pessoas totalmente distantes dos funcionários encarregados de alcançar a missão. Quando pessoas são responsáveis por uma meta com a qual são incapazes de se relacionar, você desconecta o organizacional e o individual.

De modo ideal, todas as pessoas, em meio aos objetivos pessoais da empresa, combinadas com os objetivos pessoais dos outros, devem somar coletivamente na declaração de missão da empresa.

Se a meta da equipe de vendas e os objetivos de imagem da equipe de criação bem com a meta de resultado do grupo de produção ou serviço vierem todos juntos, seria como o objetivo pleno da empresa.

Infelizmente, muitas organizações nunca nem mesmo pensaram nos empregados como indivíduos e em que declarações de missão eles podem ter em mente para suas próprias vidas, bem como isso poderia favorecer os objetivos da empresa.

Hoje, ao longo do seu dia, olhe para cada funcionário como um investimento e determine como você pode tornar esse investimento mais valioso para a empresa e para o funcionário.

Hoje é o dia!

Nunca Suponha Nada

Uma comunicação clara, concisa e precisa é a chave para o sucesso em sua vida pessoal ou profissional. Descobri ao longo dos anos que em minha mente tudo está claro. Infelizmente, surgem problemas quando me esqueço de que os pensamentos em minha mente podem ou não estar claros para outra pessoa.

Há pouco tempo, colocamos um *home theater* em nosso escritório para que pudéssemos rever filmes e programas de TV nos quais trabalhamos e vídeos de palestras que ministrei em empresas ou eventos em estádios. Nossa equipe fez vários planos de como instalar e usar o equipamento. Para satisfazer necessidades de decoração e isolamento de som, precisaríamos de uma longa parede toda de tapeçaria, do chão ao teto. Como seriam necessários cerca de três metros de carpete, disseram-me que teríamos de mandar fazer, por não se tratar de uma medida padrão.

Indicaram-nos uma mulher com quem nos encontramos para mostrar o projeto. Encomendamos uma grande quantidade de material e quando o carregamento chegou, entregamos à mulher da tapeçaria a fim de que começasse o trabalho. Semanas depois, ela instalou os tapetes e convidou nossa equipe para analisar seu trabalho. Todos ficaram chocados, pois a cor dos tapetes era diferente do material que havíamos comprado. Analisando com mais atenção, verificaram que ela fizera os tapetes usando o avesso do tecido em vez da frente.

Hoje É o Dia

Isso criou um grande tumulto. Então me ocorreu que enquanto discutimos todas as medidas, prazos de entrega e custos em torno do projeto, nunca confirmamos de fato que lado do material deveria ser utilizado. Ao comprarmos o material, imaginamos que era óbvio que o lado do tecido apresentado na amostra era a frente. A mulher da tapeçaria, por suas próprias razões, decidiu que o outro lado do material era a frente.

Embora possa não haver certo ou errado em relação ao material, havia um sério problema. A questão não era qual lado do material usar ou o que ficaria melhor. O problema foi a falta de comunicação; assim, ambas as partes acharam que o elemento crucial do projeto estava claro quando, obviamente, não estava. Não há detalhes pequenos demais para serem esclarecidos, e uma verificação a mais sempre é mais rápida e mais fácil do que reparar um dano e começar de novo.

Hoje, ao longo do seu dia, aproveite cada oportunidade de se comunicar claramente. Na pior das hipóteses, você será considerado um profissional detalhista. Na melhor das hipóteses, você poupará muita dor e sofrimento.

Hoje é o dia!

Demitindo seu Cliente

Todos nós nos negócios lidamos com um espantoso conjunto de números. Nossos contadores nos fornecem fatos, figuras e percentuais que estão além da maioria de nossas habilidades de compreensão. Em geral, todo o mundo nos negócios entende dois números: a linha superior e a linha inferior. A linha superior representa tudo que vendemos, negociamos e produzimos em nosso funcionamento. A linha inferior representa o que sobrou depois de pagarmos todas as nossas despesas subtraído da linha superior. A fim de aumentar nossa lucratividade, temos de fazer uma de duas coisas: produzir mais negócios na linha superior ou gastar menos antes de chegarmos na linha inferior.

Embora isso pareça uma irrefutável lei dos negócios, existem raras vezes em que é melhor realmente reduzir sua linha superior. Pelo menos temporariamente. Se você olhar todos os seus clientes, contas e consumidores e então pensar em todos os problemas e crises que experimentou no último ano, você pode concluir que quase todas as suas dores de cabeça surgem por causa de um ou dois clientes. Com frequência, esses clientes não são significativos para sua linha superior, e estão lhe custando dinheiro antes de chegarem à linha inferior.

Todos nós lidamos com nossos concorrentes, e isso é saudável; porém, existem alguns clientes-problema que você poderia, de fato, ceder para seu concorrente. Pode ser sua culpa, pode ser culpa do cliente, ou pode ser um número de coisas intangíveis inevitáveis, mas há ocasiões quando você simplesmente não pode agradar um ou dois clientes. Nesses momentos, seria melhor deixá-los saber, educada e profissionalmente, que você deseja ajudá-los a transferir seus negócios para outra pessoa.

Se seu cliente não está feliz, não traz lucro, motivação ou referência à sua empresa. Na verdade, eles podem estar criando tantos problemas de tal modo que precisam de correção a ponto de você está perdendo dinheiro e frustrando todos em sua equipe enquanto tem um cliente insatisfeito dizendo a todos que você não ofereceu um bom serviço. Seria muito melhor ficar sem esse cliente e preencher o espaço com novo cliente satisfeito e lucrativo. É muito difícil fazer isso, visto que fomos doutrinados com a crença de que ter clientes é bom, e ter mais clientes é melhor ainda.

Hoje, ao longo do seu dia, talvez você precise realmente dar um passo atrás abrindo mão de um cliente não lucrativo a fim de dar dois passos à frente criando novas oportunidades com futuros clientes.

Hoje é o dia!

Vendas e Marketing

Vendas e *marketing* são dois termos que com frequência são ouvidos juntos e até usados com sentido trocado. Ambos são vitais para o sucesso, mas são conceitos extremamente diferentes, às vezes opostos. Os termos *importar* e *exportar* também são usados juntos, mas são bem opostos quando você considera qualquer transação.

Vendas, para início da conversa, é o processo de entrar em contato com compradores em potencial a fim de apresentar seus produtos ou serviços. Marketing, por outro lado, é o processo de criar um ambiente em que consumidores em potencial entram em contato com você, interessados em seu produto ou serviço. Embora o resultado desejado seja o mesmo, o processo e as habilidades necessárias são totalmente diferentes.

Uma das primeiras tarefas do vendedor em qualquer comunicação é demonstrar uma necessidade pelo produto ou serviço oferecido. A pessoa que vende seguros, por exemplo, entraria em contato com você informando os riscos e perigos que você corre caso não tenha um seguro. Embora isso seja honesto, válido e, às vezes, eficaz, pode ser muito mais desejável quando o provável cliente, por meio de estratégias de marketing, torna-se consciente da necessidade de ter um seguro e inicia a comunicação.

Vendas e marketing criam duas dinâmicas emocionais totalmente diferentes na mente do consumidor em potencial. Considere a diferença de duas conversas ao telefone.

Hoje É o Dia

1. Você está sentado em casa descansando depois de um intenso dia de trabalho, preparando-se para desfrutar um jantar em família, quando o telefone toca. É um vendedor de fala rápida e pressionadora querendo falar com você acerca de uma oportunidade única de ter as férias de sua vida. Sua reação imediata é de total resistência e um desejo de desligar o telefone o mais rápido possível.
2. Você está descansando em torno da mesa de jantar com sua família após um intenso dia de trabalho. Surge o assunto "férias de verão" e vários membros da família começam a debater com entusiasmo sobre suas ideias para uma viagem. Então alguém se lembra de uma propaganda, folder ou artigo de revista, e você pega o telefone e liga para um *resort* a fim de obter informações e fazer uma reserva.

Em ambos os casos, você está ao telefone com um representante de uma companhia de viagens; no entanto, a dinâmica é totalmente diferente porque a primeira é uma imposição e a outra é a satisfação de um desejo ou necessidade que você mesmo identificou. Esse desejo ou necessidade pode ter sido criado por uma campanha de marketing eficaz, contudo, em qualquer caso, preparou o terreno para o processo de venda.

Vendas e marketing são duas ferramentas eficazes de modo muito semelhante a um martelo e uma chave de fenda, que são úteis, mas dificilmente trocáveis.

Hoje, ao longo do seu dia, olhe para seus esforços em vendas e marketing. Determine-se a entender a diferença e a fazer bem os dois.

Hoje é o dia!

Sabendo o que Você não Sabe

Existem quatro estados de conhecimento de compreensão em que você pode se encontrar.
1. Você sabe alguma coisa e sabe que sabe.
2. Você sabe alguma coisa, mas não sabe que sabe.
3. Você não sabe alguma coisa, mas não sabe que não sabe.
4. Você não sabe alguma coisa, mas sabe que não sabe.

Todos nós vivemos parte de nossa vida pessoal ou profissional em cada uma dessas áreas, em um momento ou em outro. Todas têm suas vantagens e desvantagens. Se você sabe alguma coisa e sabe que sabe, pode agir de modo confiante e lucrar com a experiência; porém, é importante não se acomodar com esse conhecimento, pois o estado da arte sempre muda, e a mudança é mais rápida a cada dia. Pessoas que conhecem um programa de computador e sabem que sabem disso são forçadas a atualizar suas habilidades quando novas gerações de *softwares* são desenvolvidas, ou ficarão para trás.

Todos nós, de tempos em tempos, sabemos algo, mas não sabemos que sabemos. Isso é causado pela falta de perspectiva. Provavelmente existe uma propriedade perto de sua casa por onde você já passou várias vezes. Então, de repente, ela se torna valiosa e se desenvolve de tal forma que seus donos ou negociadores lucram bastante. Se você refletir sobre a situação, perceberá que, se tivesse pensado com uma perspectiva diferente, saberia — ou pelo menos deveria saber — que o valor da propriedade aumentaria. Você simplesmente não reuniu o conhecimento de modo que pudesse reconhecer o valor e agir a respeito.

Hoje É o Dia

As pessoas mais perigosas do mundo são aquelas que não sabem alguma coisa, mas não percebem que não sabem. Essas são as pessoas que seguem pela vida e caem em todas as ciladas e obstáculos ao longo do caminho. Elas acham que sabem tudo, mas na verdade elas só aprendem a partir dos erros que sua ignorância lhes faz cometerem. Elas são confiantes em excesso, e você simplesmente não pode lhes dizer nada. O melhor que você pode fazer por essas pessoas é afastar-se e ajudá-las a se recuperar depois do fracasso inevitável.

O maior potencial pertence àquelas pessoas que não sabem alguma coisa, mas entendem que não sabem. É um conceito poderoso que elas possam entender que existe algo que elas não sabem e reconhecer que precisam saber. Essas pessoas raramente cometem erros, e estão sempre crescendo e se desenvolvendo. O mundo ainda não pertence a elas, mas é provável que um dia pertença.

Hoje, ao longo do seu dia, aja em relação ao que você sabe e construa as coisas que ainda não sabe.

Hoje é o dia!

A Realidade do Risco

Desde cedo, recebemos as seguintes palavras de encorajamento de amigos, parentes e daqueles que se importam conosco: "Cuidado!", "Calma!", "Fique atento!". O pensamento por trás dessas advertências é que temos de evitar situações perigosas e eliminar os riscos de nossas vidas. Decerto, é prudente evitar nos expor a perigos desnecessários; porém, a ideia de eliminar os riscos é contraprodutivo. O risco está ao nosso redor. Ele invade cada área de nossa vida pessoal e profissional. Existe uma falsa pretensão de que uma escolha traz risco enquanto a alternativa escolhida é livre de riscos.

No mundo dos investimentos, os bens imóveis e o mercado de ações são considerados os investimentos mais arriscados, ao passo que contas de poupança e contas do governo são consideradas os investimentos mais seguros. Embora os investimentos em banco ou no governo garantam que você não perderá seu dinheiro, nos últimos cinquenta anos eles têm provado ser as decisões mais perigosas e arriscadas que se pode tomar.

Apesar de o mercado de ações e de imóveis invariavelmente subir e descer, às vezes semelhante a uma montanha-russa, ao longo de um grande percurso, de modo constante, eles têm tido um bom desempenho e oferecido um bom retorno de investimento. Por outro lado, ao longo do mesmo meio século, os investimentos "seguros e conservadores", que são garantidos por bancos ou pelo governo, que nem sempre acompanham a inflação; por isso, inevitavelmente perdem valor.

Hoje É o Dia

Conselheiros financeiros prudentes lhe dirão que existe um lugar para todos os tipos de investimento. Decerto, eu concordaria; no entanto, o ponto que desejamos entender é que risco e segurança raramente são identificados com facilidade e totalmente puros.

Conheço pessoas que têm medo de voar, então elas dirigem em viagens cruzando o país. O medo que elas têm, obviamente, é que poderiam ser vítimas de um acidente aéreo se viajassem de avião. Embora, segundo as estatísticas, isso seja possível, o risco de morrer em um acidente aéreo é insignificante se comparado ao risco de morrer dirigindo seu próprio carro. Na verdade, mais pessoas são feridas ou morrem dirigindo para o aeroporto do que em uma linha aérea comercial.

Todo negócio bem-sucedido começou à deriva no mar do risco. Houve milhares de coisas que poderiam dar errado para cada uma que poderia dar certo. Muitos empreendimentos fracassam no início, mas alguns crescem, prosperam e, por fim, são bem-sucedidos. A única maneira de garantir o fracasso em um empreendimento é nunca começar. Se você colocar seu sonho em prática, pode vir a falhar. Se nunca começar, você já garantiu seu fracasso.

Hoje, ao longo do seu dia, analise novamente risco e segurança. Nunca corra um risco desnecessário, mas nunca o considere seguro se garantir seu fracasso.

Hoje é o dia!

Todos os Pontos de Vista

Conversas são agradáveis, argumentações são interessantes, debates são produtivos, mas discussões são destrutivas. A diferença entre debates e discussões está em você lidar com o assunto em questão ou com a pessoa envolvida.

Seja em sua vida pessoal ou profissional, você inevitavelmente encontrará diferenças de opinião. Isso não é ruim. Na verdade, se com frequência você não encontra uma diferença de opinião, então você não tem opinião, as pessoas ao seu redor não têm opinião ou as pessoas não se sentem livres para se expressar. Em qualquer dos casos, conversa, argumentação e debate são positivos. Eles podem acender a paixão das pessoas, sua criatividade e trazer à tona suas melhores ideias; porém, uma vez que isso se torne uma discussão, há muito a perder e pouco, se houver alguma coisa, a ganhar.

Com frequência, colegas são colocados em uma posição para expressar diferentes opiniões. Há um modo certo e um errado de continuar esses diálogos. Eis aqui algumas regras para manter sua conversa em um nível positivo.

1. Certifique-se de que o tempo é apropriado para um debate. Não aborde pessoas em corredores ou surpreenda alguém que está com pressa para outro compromisso. Tenha certeza de que há tempo para uma conversa produtiva.
2. Certifique-se de que o ambiente contribui para uma boa conversa. Esta deve ocorrer onde todas as partes envolvidas possam ficar juntas confortavelmente, e interrupções devem

Hoje É o Dia

ser evitadas. Sempre que possível, pessoas que não estiverem envolvidas não devem estar presentes.
3. Todos devem concordar com o assunto a ser tratado. Sempre que possível, deve-se falar sobre apenas um assunto de cada vez. Todos devem concordar com o que está sendo decidido, quando for necessário tomar uma decisão, e que fatores estão envolvidos para que se chegue a uma resolução positiva.
4. Somente uma pessoa deve falar de cada vez. Interrupções são ameaçadoras e contraprodutivas quando alguém está expressando uma opinião oposta. Se necessário, estabeleça uma "caneta mágica", que é passada de pessoa a pessoa enquanto cada uma está falando. Ninguém tem permissão para falar a menos que segure a "caneta mágica".
5. Concordando que deve ser usada uma linguagem apropriada, todos serão tratados com respeito, e tom de voz não será alterado. Se alguém inadvertidamente violar essa regra, mostre-lhe isso com calma e volte ao assunto que estava sendo tratado.
6. Descubra não só o sentimento das pessoas que se opõem a você, mas também por que elas acreditam que a posição delas é melhor. Tente os argumentos apresentados para que possa repeti-los a elas. Isso demonstrará respeito e vai gerar clareza.

Lembre-se, em uma discussão, só há perdedores. Em um debate ou argumentação produtiva, todos podem vencer.

Hoje, ao longo do seu dia, descubra maneiras de incluir a sabedoria coletiva daqueles ao seu redor estimulando conversas e evitando discussões.

Hoje é o dia!

O Elemento Decisivo

Todo empenho em nossas vidas — pessoal ou profissional — tem um ou mais elementos decisivos. Um elemento decisivo de qualquer empreendimento é a peça exclusiva do quebra-cabeça na qual todas as outras se encaixam.

Regularmente, pessoas me telefonam, escrevem ou vão ao meu escritório para me oferecer todo tipo de "maravilhosas" oportunidades de negócio. Muitas dessas "maravilhosas" oportunidades de negócio têm um elemento decisivo que foi eliminado ou omitido. Por exemplo, alguém poderia telefonar e explicar como, por um modesto investimento, eu poderia comprar uma enorme porcentagem de sua operação envolvendo uma gansa que bota ovos de ouro. Esses ovos valem milhares de dólares, e todos nós ficaríamos ricos.

Esse patrocinador, vendedor ou pretendente a empresário quer falar sobre tudo, menos sobre o elemento decisivo. Invariavelmente, ele explicará como calcularam o custo de alimentar, cuidar e proteger a gansa, bem como todos os detalhes em torno de como enviar os ovos de ouro para o mercado. O único elemento decisivo sobre o qual eles não querem falar é muito simples: Essa gansa realmente bota ovos de ouro?

Na grande maioria dos empreendimentos que lhes são propostos, se você identificar e investigar o elemento decisivo o mais rápido possível, poupará muito tempo, dinheiro e dores de cabeça. Quando tudo está dito e feito, sempre há mais dito do que feito, e as pessoas não gostam de falar sobre o elemento decisivo porque desejam viver em um mundo de conto de fadas em vez da realidade. Infelizmente, você e eu temos de viver na realidade. Se outras pessoas querem ser iludidas, não há razão nenhuma para nos juntarmos a elas.

Sempre achei que os Dez Mandamentos não são fáceis de serem praticados, mas por alguma razão, anos atrás, em um de meus livros, escrevi o que chamo de "décimo primeiro mandamento" de Stovall, que simplesmente afirma: Não enganarás a si mesmo. Ou, para ser mais eloquente, citando Shakespeare, "Seja verdadeiro consigo mesmo".

Qualquer oportunidade de negócio, investimento ou empreendimento de qualquer tipo é apenas tão forte quanto seu elo mais fraco. Identifique esse elemento o mais rápido possível, e caso ele se mostre e prove ser válido, você pode seguir avante a todo vapor. Caso contrário, não perca seu tempo em um mundo de conto de fadas.

Minha equipe aqui na Narrative Television Network tenta empregar um princípio que chamamos "acelerando seu ponto de fracasso". A única coisa pior do que fracassar hoje é fracassar daqui a um ano. Teste tudo cuidadosamente, situe e analise o elemento decisivo, e então explore ou mude.

Hoje, ao longo do seu dia, mantenha o foco em todos os elementos decisivos em sua vida e maximize suas oportunidades.

Hoje é o dia!

Trabalho Duro e Cansaço

Muitos de nós chegamos em casa depois de um intenso dia de trabalho nos sentindo cansados e desgastados. Se nos perguntassem, responderíamos honestamente que o trabalho duro causou nossa exaustão. Na verdade, o trabalho duro pode ser divertido, enquanto frustração, atrasos, conflitos e improdutividade nos desgastam e geram fadiga.

Como um palestrante profissional em convenções e eventos em estádios, passo bastante tempo viajando de um aeroporto a outro em todo o mundo. As pessoas frequentemente comentam sobre o quanto viajar pode ser cansativo. A viagem, em si mesma, não é realmente tão cansativa. São os atrasos, frustrações, longas filas e falta de coordenação que quase sempre deixam o viajante cansado e desgastado.

Muitas pessoas confundem atividade com produtividade. Atividade é cansativa. Produtividade é revigorante, já que você pode observar o progresso que tem feito rumo ao seu objetivo. Só porque você está ocupado e cansado, não significa necessariamente que está fazendo alguma coisa. O hamster na gaiola correndo impetuosamente na roda giratória está gerando muita atividade e nenhuma produtividade. Ele está correndo uma grande distância sem fazer qualquer progresso.

Há várias coisas que você pode fazer para evitar os desperdiçadores de tempo e criadores de fadiga em sua vida.

    1. Tenha uma lista diária de prioridades que você deseje realizar. Ordene-as da mais importante para a menos importante, de

Hoje É o Dia

modo que, se você chegar ao fim do dia antes de chegar ao fim da lista, tenha realizado o máximo possível de seus esforços.
2. Tente evitar trivialidades, interrupções, correspondências sem interesse e telefonemas não solicitados. Isso é mais difícil do que parece quando várias pessoas querem que as prioridades e problemas que são delas se transformem no foco do seu dia.
3. Agende pequenos intervalos durante o dia. Dê um passeio, leia uma revista ou telefone para um amigo. Cinco minutos de distração e recreação podem fazer toda a diferença. Às vezes é mais fácil fazer o trabalho de uma hora em cinquenta e cinco minutos do que em uma hora completa.
4. Adquira a prática de lidar com todos os itens de sua lista de acordo com uma das três atitudes: fazer, ignorar ou transferir.

Quando você fecha o livro de atividades de hoje, tudo em sua lista deve ter sido concluído, agendado para outro dia ou considerado insignificante demais para ser buscado.

Você é o bem mais importante em seu negócio e na vida pessoal. Nós permitimos que pessoas desperdicem nosso tempo, energia e foco enquanto nunca permitiríamos que roubassem nosso dinheiro e bens.

Hoje, ao longo do seu dia, mantenha o foco nas prioridades e evite os desperdiçadores de tempo e criadores de fadiga.

Hoje é o dia!

Conservando os Clientes

Progresso nos negócios pode ser definido como conseguir novos clientes para seus produtos e serviços. Há muito envolvido nessa atividade, mas — no fim do dia — é com isso que medimos o crescimento. Outras atividades também dão suporte a esse crescimento ou mantêm o negócio que temos em vigor. Clientes satisfeitos são a chave para a vida e para o sucesso.

Pessoas nos negócios pagam uma enorme quantia de dinheiro e fazem grandes esforços para adquirir listas ou bancos de dados de clientes em potencial. Você poderia ficar surpreso ao saber que já tem livre e fácil acesso a uma das mais maravilhosas e pouco utilizadas listas de cliente do mundo. Se você chegar até seu computador, seu arquivo ou fichário, encontrará um grande número de ex-clientes, clientes injustos ou que estão desenvolvendo suas necessidades.

Essas pessoas precisam ouvi-lo regularmente. Há uma ótima piada que faz a seguinte pergunta: "Quando se deve dizer à esposa que você a ama?" E a resposta é: "Antes que outra pessoa diga". Isso também é verdade em relação aos seus clientes e ex-clientes.

Seus atuais clientes devem ouvi-lo regularmente, e você deve explorar o seguinte com eles:
1. Como eles se sentem em relação aos seus produtos e serviços?
2. Como você pode servi-los melhor?
3. Quais são os planos deles para o futuro que poderiam aumentar seu nível de serviço para eles?

4. Que outras empresas e pessoas que eles conhecem poderiam se interessar por seus produtos ou serviços?

Depois, você precisa ir até aquela temida lista de pessoas que já foram seus clientes. Na maioria dos casos, você não será capaz de lembrar-se por que elas deixaram de fazer negócio com você. O irônico é que seu ex-cliente provavelmente também não se lembra por que deixou de negociar com você. É preciso que você entre em contato com eles e examine o seguinte:
1. Eles eram clientes estimados com quem você gostaria de restabelecer um relacionamento.
2. Se um de vocês estiver ciente do motivo porque o relacionamento foi interrompido, resolva o problema.
3. Indique com precisão como o negócio deles mudou ou as necessidades podem ter expandido desde que você negociou com eles.
4. Pergunte-lhes o que você pode fazer para reconquistar sua confiança e desenvolver o relacionamento.

Infelizmente, seja no relacionamento pessoal ou profissional, com frequência faremos mais para estabelecer um relacionamento do que para mantê-lo. Lembre-se, você precisa sempre estar com disposição para venda, marketing e serviço com todos que fazem negócio com você. Se você não estiver com essa disposição, pode ter certeza de que seu concorrente estará.

Hoje, ao longo do seu dia, valorize e amplie seu relacionamento com clientes, e recupere e restaure o relacionamento com ex-clientes.

Hoje é o dia!

Dicas de Jardinagem de Voltaire

Se você for como a maioria das pessoas, tem pouco ou nenhum conhecimento sobre Voltaire, exceto vagas lembranças das aulas de história no colégio. Voltaire foi um filósofo francês do século XVIII. É conhecido pelo pensamento profundo e conselhos práticos para a vida. Gostaria de pensar que se Voltaire vivesse hoje poderia escrever uma coluna parecida com esta, mas eu provavelmente iria me gabar.

Em um recente leilão em Paris, foi pago o maior valor por uma carta manuscrita. Era uma carta que Voltaire escreveu a um amigo quase três séculos atrás. Aparentemente, os dois estavam se correspondendo sobre questões do dia-a-dia, política e críticas aos seus contemporâneos. Então Voltaire escreveu uma frase que deveria falar a nós hoje. De fato, valeria quase o um milhão de dólares, pagos pela carta no leilão, se comprá-la garantisse que todo político, empresário, religioso e líder social lesse as palavras de Voltaire.

No meio da carta escrita para o amigo, Voltaire deu alguns conselhos sobre jardinagem que podem melhorar nossas vidas, tanto pessoal quanto profissionalmente. Voltaire disse: "Capine seu próprio jardim".

Nós existimos em uma sociedade, trabalhamos nos negócios e vivemos em família que têm uma quantidade de ervas daninhas visíveis. Todos nós, coletivamente, devemos lidar com essas ervas daninhas, mas antes de fazermos isso, ou pelo menos enquanto fazemos, é importante que capinemos nosso próprio jardim. Poucos de nós

Hoje É o Dia

poderíamos encarar a luz da crítica que regularmente refletimos nos outros. Julgamos os outros de modo severo, de forma cartesiana, mas vemos a nós mesmos em um espelho coberto com fumaça e tonalidades suaves. Entendemos nossas intenções, mas só entendemos as ações dos outros; por essa razão, no tribunal de nossa mente, somos grandes advogados de defesa.

Isso não quer dizer que como cidadão, empresário ou membro de uma família não devamos descobrir coisas que possam melhorar o mundo. Mas lembre-se, toda mudança, todo desenvolvimento e todo progresso começa conosco. Se atendermos à admoestação de Voltaire e "capinarmos nosso próprio jardim", acho que descobriremos que as ervas daninhas são significativas e abundantes a ponto de termos várias questões ocupando nossa atenção.

Hoje, ao longo do seu dia, procure maneiras de melhorar o mundo ao seu redor. Comece cada melhoria com o conselho de Voltaire e "capine seu próprio jardim".

Hoje é o dia!

Administração "no Ponto"

A administração está entre os termos mais usados e menos entendidos no mundo hoje. Vai do extremo da microadministração ao lado oposto do espectro, que é a quase ausência de administração.

Quando tudo está dito e feito, tudo que realmente podemos administrar é a nós mesmos. As atividades que chamamos de gerenciamento, treinamento e supervisão nada mais são do que ajudar outras pessoas a administrarem a si mesmas e as suas atividades. Seria uma ideia muito semelhante aos três ursos comendo mingau. Você não quer a administração muito quente, porque queima todo o mundo. Não a quer muito fria, porque não há motivação e unidade. Em vez disso, você quer que a administração esteja "no ponto".

Há pouco tempo li uma biografia de John D. Rockefeller. Claramente, um repórter perguntou a Rockefeller: "Quanto você vale?" A resposta de Rockefeller tem muito a ver com a administração "no ponto". Ele declarou: "Não sei o número exato, e meus contadores me dizem que custaria 10 milhões de dólares para determinar o número exato, então, tudo o que posso dizer é que eu valho 10 milhões de dólares a mais do que se pudesse responder a essa pergunta".

Muitas empresas desempenham tarefas em um nível aceitável ou alto. Infelizmente, com frequência elas estão fazendo um bom trabalho desempenhando a tarefa errada. Se você acredita na regra dos negócios, como eu, de que temos a tendência de melhorar as coisas

Hoje É o Dia

que avaliamos, é muito importante ter certeza de estarmos avaliando as coisas certas, e de forma correta.

Comecei minha carreira na área de negócios como um corretor, ou melhor, como um vendedor. Meu gerente de vendas exigia que eu preenchesse extensos protocolos e relatórios para cada contato feito. Embora isso possa funcionar em alguns contextos, eu estava tão motivado interiormente a ter meu próprio negócio que achava esse trabalho de administrar papelada, durante três horas diárias, era totalmente ridículo.

Quando você exerce a microadministração sobre algo ou alguém, corre o risco de transmitir a mensagem: "Não confio em você". Quando você deixa de administrar ou administra mal, envia a mensagem: "Reconheço pouco ou nenhum valor no que você está fazendo". Se quiser saber a melhor maneira de administrar pessoas, comece simplesmente perguntando a elas. Isso lhe dará alguma clareza acerca do processo e permissão para começar a supervisionar. Desista de pensar em termos de chefiar pessoas, e comece a pensar em termos de ajudar pessoas.

Hoje, ao longo do seu dia, descubra pessoas e situações em que você possa começar a ajustar a administração até que fique "no ponto".

Hoje é o dia!

O Dilema da Delegação

Todos nós trabalhamos com outras pessoas. Mesmo se você trabalha sozinho em casa, depende de contratantes, entregadores e fornecedores. Se você trabalha em um escritório, interage com outras pessoas constantemente. Muitas vezes, sucesso e fracasso serão determinados por quão bem trabalhamos com aqueles ao nosso redor.

Cada um de nós deve começar cada dia com uma lista de coisas a serem cumpridas. No fim do dia, tudo deve ter sido concluído, adiado ou delegado a outra pessoa. Delegar é o maior colapso nos negócios hoje. Por favor, lembre-se: Delegado não é "feito". Só porque você delegou não significa que a tarefa está completa. Seguir de perto e até o fim é decisivo. Esse acompanhamento pode tomar a forma de verificação do que a pessoa a quem você delegou a tarefa fez dias, semanas ou meses depois. Também pode ter a forma de esperar que elas cheguem até você como último passo da tarefa que lhes foi delegada, mas você ainda deverá anotar em sua agenda para aguardar o retorno dessas pessoas.

Trabalho com a equipe de profissionais mais competentes que já conheci. Tendo dito isso, tudo em nosso escritório é verificado e revisado sistematicamente. Se você estiver fazendo alguma coisa que não é importante o suficiente para ser verificada ou confirmada, precisa descobrir algo mais importante para fazer.

Tenho viajado um milhão de milhas comercialmente, e em todo avião que entro, há pelo menos duas pessoas totalmente qualificadas para pilotar aquele avião. De tempos em tempos, para certos eventos, viajo em um avião particular. Em cada ocasião, certifico-me de que haja um piloto e um copiloto. Em um avião particular, sento-me pouco atrás da cabine, para que eu possa ouvir tudo que está acontecendo lá. É interessante notar que na maior parte do tempo que os dois pilotos se comunicam, eles estão verificando um ao outro. Isso não é porque não confiam na competência um do outro. É porque um erro significa vida ou morte. Qualquer coisa que valha a pena ser feita merece o melhor de sua habilidade e a verificação de outra pessoa qualificada.

Hoje, ao longo do seu dia, delegue tudo que puder, faça tudo que não puder delegar e verifique tudo.

Hoje é o dia!

Conselho Financeiro

P. T. Barnum sempre será reconhecido como um dos maiores apresentadores de todos os tempos. Ele era famoso por sua habilidade de marketing e propaganda. Se você ler a respeito da vida dele, descobrirá que muitas histórias sobre Barnum o apresentam como um homem injurioso, extravagante além dos limites. Você pode ficar surpreso em saber que, há pouco tempo, estudando a vida de Barnum, li uma citação dele que é provavelmente o melhor conselho que já ouvi sobre dinheiro, equilíbrio e vida em geral. Barnum declarou: "Dinheiro é um senhor terrível, mas um excelente servo".

Nada tomará o lugar do dinheiro nas coisas que ele pode fazer. Qualquer problema, todavia, certamente solucionará alguns sintomas. Por outro lado, se você fizer uma lista de todas as coisas que mais valoriza — tais como amor de sua família, a estima de seus amigos, o tesouro da boa saúde ou a liberdade de viver do seu jeito — perceberá rapidamente que dinheiro não faz parte dessa equação.

Quando você observa as estatísticas nacionais sobre patrimônio líquido doméstico, é alarmante. Temos a maior relação dívida/renda desde 1930. A diferença entre agora e 1930 é que desfrutamos uma boa economia, baixa inflação e baixo índice de desemprego, em vez de sofrermos as terríveis condições da Grande Depressão. As pessoas hoje estão em uma corrida maluca para comprar coisas que não precisam, com dinheiro que não têm a fim de impressionar pessoas que não se importam.

Hoje É o Dia

A saúde da economia mundial ou nacional não importa tanto quanto sua economia pessoal. Algumas das maiores fortunas foram feitas durante a Grande Depressão, e muitas pessoas vivem na pobreza em épocas de riqueza e prosperidade. A perspectiva agourenta está na questão de que se as pessoas mal conseguem manter a cabeça fora d'água agora, o que vão fazer quando (e não se) a economia sofrer seus declínios naturais.

Aqui estão algumas dicas de verificação das finanças pessoais.

1. Verifique quantos meses você poderia sobreviver financeiramente sem fazer qualquer outra dívida se todo o seu salário fosse cortado hoje. Se não for o mínimo de seis meses, você precisa estabelecer mais reservas líquidas.
2. Elimine os crediários como uma parte regular de seu ciclo mensal. Se você não pode pagar agora, provavelmente não será capaz de pagar depois.
3. Olhe para o futuro e comece a planejar, poupar e investir para despesas vindouras. Ensino superior, reformas em casa, problemas de saúde e aposentadoria não devem pegá-lo de surpresa.

Hoje, ao longo do seu dia, faça do dinheiro seu servo, e não seu mestre.

Hoje é o dia!

Lições do Tarzan

Se, como eu, você cresceu gostando dos livros de Edgar Rice Burroughs sobre Tarzan ou dos filmes sobre esse personagem, pode estar ciente de um princípio muito importante que pode não ter aplicado à sua vida e negócios.

Tarzan tinha um modo singular e eficiente de se transportar pela floresta. Ele, é claro, movia-se de um cipó a outro em meio às copas das árvores até chegar ao seu destino. Se você parar para pensar nesse processo, vai se lembrar que Tarzan nunca soltava um cipó até que tivesse escolhido outro ou já o tivesse firme na mão. Com frequência, em nossa vida pessoa e profissional, olhamos para a próxima grande decisão ou para o próximo grande acontecimento, mas falhamos em olhar além do grande fato no futuro para vermos como tudo se encaixa a fim de nos levar de onde estamos até aonde queremos chegar.

Grandes jogadores de xadrez pensam muitas jogadas à frente. Eles planejam, antecipam e criam estratégias. Entrevistas com caminhoneiros que já dirigiram milhares de quilômetros sem se envolver em acidentes revelam que motoristas bem-sucedidos olham à distância e antecipam o que pode acontecer adiante na rodovia.

A fim de aprender e beneficiar-se com a lição de Tarzan, você primeiro deve ter, firme em sua mente, uma clara figura de onde deseja chegar. Se você não sabe para onde está indo, qualquer cipó ou cipó nenhum servirá. Um mapa da estrada só é um instrumento útil para pessoas que têm uma clara compreensão de dois detalhes. Primeiro, elas sabem exatamente onde estão; e, segundo, sabem aonde querem chegar. Se não houver um entendimento claro desses pontos, o mapa é totalmente inútil. Sucesso sempre é simples, mas nunca é fácil. Se você sabe aonde deseja ir, não é difícil encontrar a rota, mas pode ser difícil segui-la.

Uma das vantagens que você e eu temos em relação a Tarzan é o fato de que a maioria de nós pode seguir os passos de pessoas bem-sucedidas que seguiram adiante de nós. A principal estrada para o sucesso é, de fato, "a estrada menos percorrida", mas ela tem sido utilizada e oferece um claro caminho delineado para aqueles que desejam dar um passo após o outro, olhar adiante, planejar, antecipar, sonhar e vencer.

Hoje, ao longo do seu dia, lembre-se de que a decisão certa só pode ser tomada à luz de sua jornada completa.

Hoje é o dia!

Preste Atenção

Esta manhã, ouvi acerca de um jovem excepcional que concluiu o Ensino Médio este ano. Ele conseguiu nota máxima nas provas de duas universidades federais. Quando lhe perguntaram como realizou isso ou que conselho daria a outros estudantes, ele ofereceu uma frase breve, e pungente. "Preste atenção." Embora isso possa parecer simples, é importante lembrar-se de que toda grande e duradoura verdade inevitavelmente é simples. Não falhamos porque não sabemos o que fazer; falhamos porque não fazemos o que sabemos.

O simples conselho de prestar atenção é mais profundo do que você poderia imaginar. Todos nós prestamos atenção. Com frequência, muitos de nós prestamos atenção nas coisas erradas.

Há vários anos atrás, fui o principal palestrante em uma importante convenção de negócios em uma ilha no Caribe. Depois de minha apresentação, os promotores do evento tinham contratado dois famosos mágicos de Las Vegas para uma performance. Como eu ainda estava nos bastidores depois de minha palestra, tive a oportunidade de me encontrar e falar com esses mágicos. Fiz a pergunta óbvia que muitos de vocês teriam feito: "Como vocês fazem um tigre de duzentos quilos desaparecer diante dos olhos de milhares de pessoas que estão em seus lugares prestando atenção?" Um dos mágicos riu e respondeu: "Felizmente, elas estão prestando atenção na coisa certa na hora errada, e na coisa errada na hora certa". Os dois mágicos me garantiram que se todos eles contassem os segredos da mágica antes da apresentação, ninguém na plateia deixaria de observar como a ilusão aconteceu.

Assim, quando nos esforçamos para prestar atenção, é fundamental prestarmos atenção nas coisas certas. Embora ser iludido durante um show de entretenimento de um mágico de Las Vegas possa ser formidável, ser iludido enquanto olha para as coisas erradas na vida pessoal e profissional pode ser desastroso. Recentemente ouvi falar de uma avaliação feita com estudantes do último ano do Ensino Médio. Embora cerca de 90% desses jovens tenha conseguido dizer o nome de três membros da família Simpson, do popular seriado de TV, menos de 10% pôde dizer o nome de três juízes da Suprema Corte. Mais de um terço não sabia o nome do vice-presidente; portanto, é obvio que esses jovens estão definitivamente prestando atenção. A questão que determinará sucesso e fracasso permanece: Eles estão prestando atenção em quê?

Hoje, ao longo do seu dia, determine o que é importante para você e preste atenção nisso. Deixe de lado tudo o mais.

Hoje é o dia!

Judeu Honesto

Abraham Lincoln deu ao mundo o sentimento de que se a honestidade não for buscada porque simplesmente é a coisa certa a fazer, deveria pelo menos ser procurada por ser o caminho mais rápido para o sucesso.

Não há contrato que possa, de forma plena, protegê-lo de uma pessoa desonesta, e não há disputa ou desafio que não possa ser superado entre pessoas honestas. Honestidade não é simplesmente a ausência de uma mentira, mas a comunicação de todas as informações a que as pessoas têm direito e nas quais podem confiar. Infelizmente, alguns de nossos líderes ensinam que você pode comunicar uma mentira enquanto diz tecnicamente a verdade, ou pelo menos sem se complicar legalmente.

Seja o presidente Clinton ou O. J. Simpson, a falta de uma verdade clara e completa vai manchá-lo para sempre. O presidente Clinton é um líder respeitado que tem muitas realizações em seu crédito. Ele veio de uma cidade obscura em um pequeno Estado e tornou-se um dos homens mais poderosos do mundo. O. J. Simpson superou muitos desafios em sua vida para tornar-se o melhor na profissão que escolheu, o futebol. Esses dois senhores merecem respeito pelos seus feitos; porém, é difícil pensar neles sem a mancha de seus delitos e desonestidade seguindo tão de perto.

Leva-se uma vida inteira para construir uma reputação e um momento para destruí-la. Infelizmente, em nosso mundo controverso, conduzido pela mídia, as pessoas podem ser conhecidas por pior ato que cometeram em um momento isolado em vez de serem lembradas pelos bons feitos de uma vida inteira.

Pense em todas as pessoas no mundo em quem você confia totalmente. Não estou falando que elas não iriam roubar sua carteira quando você não estivesse olhando ou deram um troco errado de propósito. Estou falando de pessoas que se comunicam claramente e expressam o que elas dizem como se elas dissessem o que elas expressam. Se você conseguir pensar em uma quantidade de pessoas que considera totalmente honesta, é provável que você não tenha estabelecido um padrão alto o bastante quando pensa em honestidade.

O propósito da comunicação honesta é transmitir a intenção e a realidade entre todos os envolvidos. Muitas pessoas usam a comunicação como uma oportunidade de torcer, exagerar ou enganar acerca de uma situação para que seja como elas desejariam que fosse em vez de como é realmente.

Quando você está comunicando um negócio, uma oferta ou uma oportunidade a alguém, deve ser capaz de dizer em sua própria mente: "Se soubessem o que eu sei, ficariam tão empolgados quanto eu estou". Se nada mais ou nada menos precisa ser acrescentado, isso provavelmente não é um negócio baseado na honestidade.

Hoje, ao longo do seu dia, renove seu compromisso de ser totalmente claro e honesto em todas as situações. É a coisa certa a fazer e o melhor caminho para o sucesso.

Hoje é o dia!

Pesquisa de Opinião Pública Pessoal

Gastamos uma excessiva quantidade de tempo, esforço, energia e dinheiro para impressionar pessoas com quem estamos em contato. Infelizmente, a maioria dessas pessoas não se importam conosco e não ficam impressionadas com nosso carro, roupas e outras parafernálias que, de alguma forma, achamos necessárias.

Na análise final, a única opinião que realmente importa é a que temos a nosso próprio respeito. Nossos pensamentos, ambições e expectativas são o que nos definem como pessoas. Temos a habilidade de moldá-las e transformá-las com a nossa força de vontade.

Recentemente, um prezado amigo partilhou comigo algumas de suas afirmações pessoais e profissionais. Essas declarações correspondem a como ele escolheu se ver. De fato, ele submeteu-se à sua própria pesquisa de opinião, e decidiu quem seria e como sua vida deveria estar organizada. Com a permissão dele, vou partilhar alguns de seus princípios de vida com você.

Quem Sou Eu?

Eu amo a vida e não tomo por certo nenhum dia ou oportunidade.

Sou fiel em acordar cedo todos os dias. Faço isso muito renovado, cheio de energia e preparado para planejar e aproveitar o dia.

Amo minha família. Tudo que faço gira em torno de meu compromisso com o seu bem-estar.

Hoje É o Dia

Sou um homem extremamente afortunado. Quanto mais trabalho, mais afortunado eu fico. Tenho energia incessante e nunca paro de trabalhar em prol dos objetivos que são importantes para mim.

Sou um incrível conselheiro. Gosto muito de ensinar os outros a maximizarem sua riqueza e as escolhas que a riqueza origina.

Penso apenas o melhor, trabalho apenas com os melhores e espero apenas o melhor para mim e para aqueles a quem sirvo.

Sou um sócio excepcional. Contribuo e me comprometo com o aperfeiçoamento da empresa e de nosso futuro coletivo.

Sou uma grande inspiração para minha família, clientes, colaboradores e amigos. Fico tão entusiasmado com o sucesso dos outros quanto com o meu próprio sucesso.

Sou otimista mesmo quando todo o mundo não é. Aprendo com os erros do passado e então os esqueço, e me apresso rumo a melhores oportunidades no presente e no futuro.

Sou honesto e moral. Sempre faço o que for o melhor interesse dos outros.

Sou física, fiscal e emocionalmente sadio! Estou em constante busca de aperfeiçoamento, crescimento e de uma vida melhor.

Acredito no que falo. Falo o que vou fazer. E faço o que digo.

Acredito nessas frases porque são fatos.

Esse sou eu!

Quero agradecer ao meu amigo por um vislumbre em sua vida e quem ele escolheu ser.

Hoje, ao longo do seu dia, lembre-se, sua vida é uma escolha. Faça a escolha com sabedoria.

Hoje é o dia!

O Encanto dos Mentores

Se você estiver em uma longa viagem de carro em uma rodovia com canteiro central, verá dois grupos de carros. Existem carros ao seu lado na rodovia indo na mesma direção que você, e há outros carros no lado oposto da rodovia fazendo o trajeto contrário. Se você tivesse que parar em uma loja de conveniências para pedir informações sobre o clima ou as condições na estrada mais adiante, você não perguntaria a quem estivesse indo na mesma direção que você. Em vez disso, perguntaria a alguém que estivesse viajando na direção contrária, porque já esteve aonde você quer chegar.

Essa é a maior chave para o sucesso na vida. Muitas pessoas pedem opinião de outras que ainda não estiveram aonde elas desejam ir. Isso não faz absolutamente sentido algum, mas acontece todo dia.

Meu mentor no ramo de televisão foi Ted Turner. Ao longo dos anos, o Sr. Turner nos deu valiosos conselhos, e embora raramente busquemos sua opinião, é muito valioso para nós porque em nosso ramo ele foi aonde todos querem ir.

Como autor e palestrante, meu mentor é o Dr. Denis Waitley. Ele me aconselhou muitas vezes e me ajudou a evitar o desperdício de tempo, esforço e energia. A verdade é que ele já está há muitos anos aonde eu desejo chegar. Quando perguntei ao Dr. Waitley por que estava disposto a usar seu tempo precioso para me orientar intelectualmente, ele me contou que, anos atrás, Earl Nightingale o havia orientado intelectualmente, o que fez toda a diferença em sua carreira. O Dr. Waitley continuou me dizendo que nos últimos dias de sua vida, o Sr. Nightingale implorou que ele encontrasse alguém a quem pudesse orientar da mesma maneira. Sou feliz por ter sido escolhido pelo Dr. Waitley.

Há alguns anos, tive o privilégio de orientar outras pessoas — algumas por um breve período de tempo, outras durante vários anos. Inicialmente, achei que esta seria apenas minha maneira de devolver os muitos benefícios que recebi do Sr. Turner e do Dr. Waitley. Em vez disso, descobri ser uma experiência maravilhosa de aprendizado para mim. Isso reforça muitos dos princípios que aprendo com os outros e que me levam a reconsiderar o modo como conduzo minha vida e meus negócios.

Quando aprendemos, o conhecimento é concedido. Quando ensinamos, ele é transferido. Mas o encanto de orientar intelectualmente ocorre quando ensinamos os outros a ensinar. Então, e só então, o conhecimento se torna a propriedade de todos que podem se beneficiar aprendendo, ensinando e compartilhando.

Hoje é o dia!

Sua Grama É Verde

É importante perceber que sucesso é sucesso e fracasso é fracasso em todo e qualquer esforço na vida. É fácil se envolver com a ideia de que a grama é mais verde no outro lado da cerca. Esse tipo de pensamento nos diz: "Se eu mudasse de emprego, se escolhesse outra carreira, se me mudasse para uma cidade diferente... seria bem-sucedido".

Embora eu seja um grande defensor da busca de sua paixão e seria o primeiro a dizer-lhe para fazer uma mudança se ela envolvesse a busca de sua paixão, há momentos em que o outro caminho parece mais atraente. Mesmo quando você está seguindo o curso de sua vida rumo ao seu destino, haverá ocasiões em que terá de lidar com questões frustrantes e situações difíceis. Nessas horas, é importante evitar sair do caminho certo e mover-se para alguma tangente insignificante e irrelevante.

Aquelas pessoas que são bem-sucedidas em todas as áreas da vida desfrutam uma existência maravilhosa. Aquelas pessoas que estão fracassando sofrem uma existência infeliz não importa o rumo que estejam seguindo. Não há lugar melhor para fracassar ou lugar pior para ser bem-sucedido.

Tenho um conhecido que mudou de carreira a cada doze ou dezoito meses ao longo de sua vida adulta. Não é porque ele está buscando seu destino final, e sim porque está procurando um caminho mais fácil. Seja sucesso, dinheiro, seja felicidade, nunca encontrei nem falei com ninguém que tenha achado um caminho fácil para

Hoje É o Dia

todas as coisas que deseja na vida. Sucesso não é fácil, nem imediato, mas é merecedor de trabalho e espera.

Se você está procurando alcançar certa elevação em sua vida e começa a subir a montanha à sua frente, quando ela se torna difícil e íngreme, é tentador olhar ao longo do vale para o que parece ser outra montanha agradável, levemente inclinada. Aqueles que abandonam a primeira montanha, atravessam o vale e começam a subir a outra montanha, descobrirão que ela também tem caminhos íngremes e rochosos. Isso é irônico, porque quando elas olham para trás, além do vale, a primeira montanha que começaram a escalar parece ser uma subida fácil, sem obstáculos e sem ônus até o topo.

Decida manter o curso em meio a tempos difíceis, e antes que você perceba, estará no topo.

Hoje é o dia!

O Gigante Adormecido

Recentemente, durante um compromisso como palestrante no Havaí, tive o privilégio de visitar Pearl Harbor e o Memorial USS Arizona. É uma experiência emocionante que recomendo a todos que tiverem a oportunidade de ir. De tempos em tempos, é bom nos lembrarmos que a liberdade custa um alto preço.

Quando eu estava pesquisando sobre a Segunda Guerra Mundial e o ataque a Pearl Harbor, deparei-me com a famosa citação do Almirante Osoroku Yamamoto. Depois do ataque japonês aos Estados Unidos em 7 de dezembro de 1941, ele disse: "Temo que tudo o que fizemos foi despertar um gigante adormecido". O ataque surpresa, embora devastador para a marinha americana, de fato despertou o povo dos Estados Unidos e encheu-os com uma tremenda determinação. Frequentemente em nossas vidas, a adversidade ou o desafio pode despertar o gigante adormecido dentro de nós como indivíduos. Tenho ouvido falar que qualquer coisa que não nos destrói serve para nos tornar mais fortes.

Há muitas lições que podem ser tiradas da experiência de Pearl Harbor. Fui tocado pelo fato de que muitos daqueles turistas no memorial no dia em que estive lá eram japoneses. Não havia ódio, apenas a futilidade da guerra e as lições a serem aprendidas.

Acredito que haja um gigante dentro de cada um de nós que, quando despertado, pode ter um desempenho em um nível que nunca imaginamos. Pense em onde você está em sua vida e em sua carreira. Pergunte a si mesmo o que você poderia fazer se fosse forçado a alguma coisa, e então pergunte-se por que não está tendo esse desempenho desde já.

Pode-se argumentar que, se os Estados Unidos tivessem agido antes do ataque a Pearl Harbor da maneira como agiram depois, é possível que aquela guerra tivesse sido evitada. Uma das lições de Pearl Harbor é que o esforço expandido antes de uma crise é muito mais valioso do que o esforço expandido depois de uma crise.

Pense sobre o gigante dentro de você e desperte-o. Não espere um desastre para mostrar seu melhor desempenho.

Hoje é o dia!

A Vila das Expectativas

Conflitos profissionais e pessoais surgem mais de expectativas não alcançadas do que de qualquer outra coisa. Conflitos, discussões e desacordos de fato existem; no entanto, a maioria deles pode ser superada se aprendermos a administrar nossas expectativas e as dos outros.

A Vila das Expectativas é um lugar aonde vamos mentalmente quando estamos planejando e organizando a vida de outras pessoas. É muito bom ter expectativas sobre nós mesmos, mas quando as colocamos sobre as outras pessoas, estamos sobre gelo fino. A única maneira de evitar a experiência desagradável de visitar a Vila das Expectativas é fazer um pequeno desvio pela Terra da Comunicação.

Quando colocamos nossas expectativas nas outras pessoas — percebendo isso ou não — estabelecemos uma situação preto e branco, certo e errado. Elas não só têm de desempenhar determinada tarefa, mas, em nossa mente, devem fazer isso da maneira como visualizamos durante nossa viagem à Vila das Expectativas. Se, de fato, vamos estabelecer tipo de limites rígidos para as outras pessoas, o mínimo que podemos fazer é deixá-las saber onde os limites foram colocados. Isso é feito quando fazemos nossa viagem à Terra da Comunicação.

Você já planejou uma viagem com alguém e percebeu logo no planejamento ou durante a viagem que vocês não estão com o mesmo pensamento? Isso não faz necessariamente que a outra pessoa esteja certa ou errada; apenas torna os planos dela diferentes das suas expectativas. Se você planejou uma viagem e sabe que seu voo parte em determinado horário, é preciso comunicar o horário de partida ao seu companheiro de viagem; porém, em sua mente, você passa algum tempo na Vila das Expectativas criando limites. Esses limites dizem: "Se o voo é às 8 da manhã, estaremos no aeroporto às 6 horas; logo, precisamos sair às 5h30min". Tudo isso está claro em sua mente, porque tudo está nítido e em ordem na Vila das Expectativas, mas se você e seu companheiro de viagem não passarem algum tempo na Terra da Comunicação, talvez eles pensem: "Se o voo é às 8 horas, podemos ir para o aeroporto às 6h30min".

Os dois planejamentos de horários poderiam funcionar bem; contudo, você ficará frustrado e desapontado porque seu companheiro de viagem está "atrasado". Por causa de suas expectativas não comunicadas, você pode achar que seu companheiro de viagem é indelicado, insensível e vive atrasado. Ele, percebendo sua frustração, vai querer saber por que você teve uma atitude estranha e qual é o seu problema. Hoje, tente eliminar as expectativas que você tem a respeito dos outros ou comprometa-se a comunicar-lhes essas expectativas.

Hoje é o dia!

Sendo tudo para todos

O objetivo de ser tudo para todos, o tempo todo, é nada mais do que um mito enganoso. A afirmação: "Você não pode agradar a todas as pessoas o tempo todo" é verdade. Todos nós ouvimos promessas de campanha sobre menos impostos, mais despesas, fim de todas as guerras, paz na terra e boa vontade para com os homens. Nós desconsideramos essas declarações quando são feitas por políticos no auge da campanha, mas precisamos aprender que tentar agradar a todos em nossa vida resultará em agradar a ninguém — o mais importante, a nós mesmos.

A única opinião que realmente importa é aquela que temos sobre nós mesmos. Gastamos muito tempo tentando impressionar aqueles ao nosso redor e muito pouco tentando satisfazer nossos próprios sonhos e desejos.

Em minhas viagens fazendo palestras em empresas, muitas vezes tenho a oportunidade de encontrar executivos e comerciantes. Fico surpreso com a quantidade de pessoas que estão quase sempre comprometendo seus esforços, tempo e energia para alcançar os objetivos de outras pessoas. Seja perder peso, encontrar sucesso financeiro ou atingir realizações pessoais, devemos ter domínio sobre os objetivos se quisermos ser bem-sucedidos. Apenas porque alguém acha que você deve mudar sua vida não é necessariamente um sinal de que esse objetivo deva ser abraçado. É muito difícil alcançar objetivos quando eles são nossos. E é impossível alcançá-los quando pertencem a outra pessoa.

Hoje É o Dia

Todos nós temos visto vendedores — principalmente de madrugada — transformarem-se em artistas de alto nível. Com mais frequência do que nunca, essa mudança ocorre quando eles internalizam um objetivo e tomam posse dele. Quando esses vendedores decidem que as metas do chefe são algo pelo qual desejam lutar, tornam-se reais e realizáveis. Mantenha o foco em seus objetivos e metas, não naqueles que seus amigos, família ou sociedade tentam impor sobre você.

Não basta vencer. Para ter satisfação em longo prazo, você deve vencer o jogo certo. Hoje, comprometa-se a realmente analisar os objetivos e metas que busca em todas as áreas de sua vida. Certifique-se de que eles sejam seus.

Hoje é o dia!

A Experiência É uma Professora

Se você fizesse uma lista das coisas que sabe — nas quais você acredita e está disposto a praticar — existe chance de que esse conhecimento tenha origem na experiência. Nem toda experiência resulta em correspondente conhecimento de causa. Você encontra pessoas que sofrem a mesma experiência negativa de tempos em tempos, mas, de alguma forma, não aprendem a lição correspondente que lhes tornará capazes de evitar experiências negativas no futuro. Pessoas ignorantes caminharão na chuva dia após dia lamentando o fato de estarem molhadas.

Por outro lado, existem outras pessoas iluminadas ou altamente desenvolvidas que conseguem aprender uma lição de vida com a experiência de alguém. Essas pessoas demonstram uma qualidade que chamaríamos de sabedoria. Elas não precisam sofrer em meio a uma dificuldade a fim de se beneficiarem com a experiência da aprendizagem. Pessoas inteligentes caminharão na chuva uma ou duas vezes, e então aprenderão a observar antes e pegar um guarda-chuva se for necessário. Pessoas sábias podem observar outras e determinar se precisam se preparar para a chuva sem terem de se molhar.

Se de fato sabemos o que aprendemos em meio às experiências, sejam nossas sejam dos outros, precisamos constantemente nos perguntar: Que experiências tivemos ou estamos tendo com a qual precisamos aprender? O que posso aprender observando os erros dos outros? A vida continuará a chover sobre você a menos que, ou até que, você aprenda a lição apropriada. Há muito mais experiências sutis, boas e más, que podem resultar em lições incríveis. Devemos observá-las constantemente.

Cada vez que alguma coisa boa acontecer, pergunte-se: "O que eu posso fazer para repeti-la?" Cada vez que alguma coisa ruim acontecer, pergunte-se: "Como posso evitar isso no futuro?" Quando você vir aqueles ao seu redor sendo bem-sucedidos de um modo que considere significativo, pergunte-se: "Como posso me espelhar naquele tipo de sucesso?" Quando vir pessoas ao seu redor sofrendo como resultado de decisões infelizes, pergunte-se: "Como posso aprender essa lição sem ter que enfrentar esse desafio?" Agindo assim, podemos passar da ignorância ao conhecimento e — esperançosamente — à sabedoria.

Hoje é o dia!

Estresse Autoinduzido

A ciência continua provando que o estresse é a raiz de muitas doenças e de muita dor e sofrimento. Nosso ritmo agitado e as incertezas ao nosso redor em nossas vidas pessoal e profissional geram um alto nível de estresse para todos, mas existe um estresse adicional que acredito privar as pessoas de encontrar a felicidade e atingir seu potencial. Podemos chamar isso de estresse autoinduzido.

O estresse não surge do trabalho intenso, mas sim da frustração de um potencial insatisfeito e tempo ou esforço improdutivo. Meu negócio requer que eu viaje bastante de avião. Desde a tragédia de 11 de setembro, é claro que isso se tornou muito mais difícil e — para muitas pessoas — muito mais estressante. Durante minha última viagem, tive que pegar um avião para sair de minha cidade, Tulsa, Oklahoma, e fiz uma conexão em Dallas a fim de pegar um avião para New Orleans para apresentar uma palestra no evento em um estádio.

Para muitos palestrantes, essas viagens são muito estressantes. Você tem um contrato para estar em determinado lugar em determinado tempo com grandes recompensas ou prejuízos financeiros pesando na balança. Muitos palestrantes ou celebridades têm uma lista de histórias terríveis dos períodos que passam viajando. A fim de evitar o estresse tanto quanto possível, adotamos uma política de agendar voos com antecedência e deixando vários voos reservados em caso de problemas mecânicos ou climáticos. Tenho viajado em muitos aviões com pessoas que experimentam altos níveis de estresse apenas porque falharam em planejar adiante. Certamente, não sou melhor do que essas pessoas. Simplesmente aprendi com meus erros.

Hoje, ao longo do seu dia, preste especial atenção quando estiver ficando estressado. Faça a si mesmo as seguintes questões: O que está causando esse estresse? O sentimento de estresse é válido? Existe alguma coisa que eu poderia ter feito antes para evitar essa situação de estresse? Você se encontrará muito mais feliz, mais produtivo e bem menos estressado.

Hoje é o dia!

Mitos sobre o Dinheiro

O dinheiro provavelmente é o bem mais mal interpretado na história da humanidade. Embora não seja o mais importante na vida, nada pode substituir o dinheiro nas coisas que ele pode fazer. Se quisermos entender o dinheiro e usá-lo apropriadamente, devemos afastar velhos e enraizados mitos sobre o dinheiro:

1. *O dinheiro lhe fará feliz.* Tudo que precisamos fazer para provar que isso é falso é assistir aos jornais e ver como sofrimento, divórcio e suicídio estão presentes na vida de ricos e famosos. Dinheiro certamente não lhe fará feliz, mas a pobreza também não. É importante ter apenas o dinheiro suficiente para alcançarmos nossos objetivos e realizarmos nossos sonhos

2. *Algumas pessoas têm sorte quando se trata de dinheiro.* Somente quem trabalha na Casa da Moeda faz dinheiro. As demais pessoas recebem dinheiro. O dinheiro é obtido por meio do trabalho ou quando rende mais dinheiro. Mesmo se você ouvisse sobre alguém que ganhou dinheiro, sempre se lembre de que alguém trabalhou ou investiu para obter aquele dinheiro. Se você deseja ter mais dinheiro, aprenda como gerar mais valor na vida dos outros, e o dinheiro seguirá isso.

3. *O dinheiro é prejudicial.* O dinheiro é absolutamente neutro. Não é bom nem ruim. Como uma arma, faca ou qualquer outra ferramenta, o dinheiro pode ser usado para qualquer finalidade. As mais horríveis atrocidades e as mais maravilhosas bênçãos já conhecidas têm sido facilitadas pelo dinheiro.

4. *A média das pessoas não consegue prosperar.* Há mais milionários sendo criados hoje do que antes. Eles não nascem milionários. Simplesmente encontram uma forma de produzir valor suficiente na vida das pessoas a fim de receberem retorno financeiro. Juros compostos deveriam ser conhecidos mundialmente como a "oitava maravilha do mundo". A maioria das pessoas entende a troca de seu tempo e esforço por dinheiro. O que os milionários entendem é que o dinheiro vai gerar mais dinheiro se for poupado e investido com sabedoria. Ninguém pega emprestado seu caminho para a independência financeira. Você deve permanecer na onda dos juros compostos.

Analise seus objetivos financeiros e os meios que está usando para alcançá-los. Tire toda a emoção do jogo do dinheiro e use-o como ferramenta. Sempre se lembre de amar as pessoas e usar o dinheiro. Se você inverter isso, estará destinado ao fracasso não importa quanto possua.

Hoje é o dia!

A Notoriedade dos Problemas

O que Benjamin Franklin, Adolf Hitler, Winston Churchill, Thomas Edison, William Shakespeare, Osama Bin Laden e todas as outras pessoas históricas ou famosas de quem você já ouviu falar têm em comum? Toda pessoa ilustre ou infame que se tornou notável historicamente é conhecida por ter resolvido ou criado problemas.

Quando pensa nas pessoas que conhece em seu grupo pessoal ou profissional, provavelmente pensa nelas em termos de terem resolvido ou criado problemas. Todo esforço humano depende da simples tarefa de resolver ou criar problemas. Grandes ideias são mais ou menos a solução de problemas. Quanto maior o problema, maior a ideia que o resolve.

Um lixeiro resolve um problema real. Se você acha que não, apenas fique algumas semanas sem que ele recolha seu lixo, e o problema logo se torna aparente. Neurocirurgiões resolvem problemas bem diferentes. Você pode aprender a ser um lixeiro em poucas semanas, mas para ser um neurocirurgião é preciso investir muitos anos. O problema que um neurocirurgião resolve é, praticamente, vida e morte; por isso, um bom cirurgião ganhará muito mais que um lixeiro.

Somos treinados desde a infância para evitarmos problemas. Também somos treinados para honrar e respeitar as pessoas que, ao longo dos anos, resolvem problemas. Essas duas ideias estão em desacordo uma com a outra. A fim de sermos bem-sucedidos, não podemos evitar problemas. Devemos sair na frente da multidão, descobrir os problemas e resolvê-los — não só para nós mesmos, mas para os outros também.

Lembre-se: seus amigos, sua família e a própria história não vão se lembrar de você pelos problemas que evitou. Eles irão lembrar-se pelos problemas que criou ou por aqueles que resolveu, tornando o mundo um lugar melhor para viver.

Hoje, ao longo do seu dia, olhe para os problemas não como um obstáculo a ser evitado, mas como uma oportunidade a ser aproveitada, gerando resultados. Você vai melhorar sua vida e a de muitas pessoas ao seu redor.

Hoje é o dia!

Conselho sobre o Fracasso

É difícil ligar a televisão ou o rádio sem ser confrontado por algum suposto especialista dizendo como você pode ser bem-sucedido na vida pessoal ou profissional. Quase todo jornal, revista ou publicação — incluindo esta que você está lendo agora — contém "dicas para isso" ou "passos para aquilo". Sou um grande defensor de receber conselho sobre sucesso de pessoas bem-sucedidas. O desafio é determinar quem é verdadeiramente bem-sucedido e quem está tentando ser bem-sucedido, vendendo-lhe conselhos.

Enquanto estiver procurando conselho pessoal ou profissional sobre sucesso, não se esqueça de alguns bons conselhos sobre o fracasso. Em todas as situações, e com todas as pessoas com quem nos encontramos, podemos identificar coisas que queremos e coisas que não queremos em nossas vidas. Com frequência, aprender porque pessoas fracassaram pode ser tão instrutivo quanto um conselho sobre o sucesso. Creio que sucesso, felicidade e prosperidade são a ordem natural das coisas. O que precisamos fazer para desfrutar as coisas boas da vida é remover e eliminar o fracasso.

É como Michelangelo disse quando lhe perguntaram como ele conseguia criar uma arte magnífica a partir de um bloco de mármore bruto. Ele respondeu que tudo que precisava fazer era simplesmente remover qualquer mármore que não fosse arte e o que sobrasse deveria ser uma obra-prima.

Tenho um amigo singular que recentemente perdeu cerca de um bilhão de dólares. Tivemos várias conversas que me ensinaram muito. Primeiro, pude aprender como meu amigo conseguiu um bilhão de dólares, e, depois, também aprendi como ele perdeu uma incrível fortuna. Quando você pensa sobre isso, meu amigo tem mais a ensinar do que qualquer bilionário comum que você encontre por acaso. Os bilionários comuns podem saber como produzir riqueza, mas podem não ter aprendido como evitar perder riqueza.

A única coisa necessária para se ter uma grande ideia é seguir a vida dia-a-dia e esperar que algo ruim aconteça. Então, faça a pergunta: "Como eu poderia ter evitado isso?" A resposta invariavelmente será uma grande e criativa ideia. A única coisa que precisa ser feita para criar uma grande oportunidade ou negócio é perguntar : "Como posso ajudar outras pessoas a evitar seus problemas?" A resposta a essa pergunta resultará em um grande e lucrativo empreendimento.

Hoje, ao longo do seu dia, aprenda lições de sucesso, mas não negligencie o fascinante conhecimento obtido por meio do fracasso.

Hoje é o dia!